经贸洽谈 ABC

（上）

主编　刘丽瑛

编著　刘丽瑛　种国胜

英译　李晓敏

北京语言大学出版社
BEIJING LANGUAGE AND CULTURE
UNIVERSITY PRESS

（京）新登字 157 号

图书在版编目（CIP）数据

经贸洽谈 ABC　上/刘丽瑛主编；刘丽瑛，种国胜编著，李晓敏译．
—北京：北京语言大学出版社，2007 重印
ISBN 978-7-5619-1088-7

Ⅰ．经…
Ⅱ．①刘…　②刘…　③种…　④李…
Ⅲ．商务 - 汉语 - 口语 - 对外汉语教学 - 教材
Ⅳ．H195.4

中国版本图书馆 CIP 数据核字（2002）第 045543 号

书　　名：	经贸洽谈 ABC　上
责任印制：	陈　辉

出版发行：北京语言大学出版社
社　　址：北京市海淀区学院路 15 号　邮政编码 100083
网　　址：www.blcup.com
电　　话：发行部　82303648 /3591 /3651
　　　　　　　编辑部　82303647
　　　　　　　读者服务部　82303653 /3908
印　　刷：北京外文印刷厂
经　　销：全国新华书店

版　　次：2002 年 11 月第 1 版　2007 年 10 月第 3 次印刷
开　　本：787 毫米×1092 毫米　1 /16　印张：14.75
字　　数：240 千字　　　　印数：8001—11000 册
书　　号：ISBN 978-7-5619-1088-7 / H·02074
定　　价：34.00 元（本书另配有录音磁带）

凡有印装质量问题，本社负责调换。电话：82303590

序

李 杨

　　《经贸洽谈 ABC》是专门为您——初学汉语者编写的商务汉语口语教材。教授外语的人都有体会，编写外语初级教材很难，难在词汇量、语言点、功能项必须严格控制，同时追求内容的丰富与有趣；更何况，该教材内容还要以商务活动为背景，并传授经贸知识，那就难上加难了。而实际生活中，许多从事对中国商贸工作的外国人，不可能有很多时间学习汉语，汉语水平普遍不高。中国加入 WTO 以后，有更多的外国人参与中国的贸易往来活动，急需学习商务汉语。现代教育技术的发展要求我们的教材，不仅能满足学校课堂需要，还能走出校园，通过影视、网络或光盘，使学习者在其他环境下获得知识和能力。因此编写一本汉语起点低、突出商贸特色、实用性强，又能方便多媒体、网络课件制作的新型口语教材就显得尤为重要了。好在该教材主编不仅多年从事汉语教学，且具备扎实的经贸专业功底，她教授经贸汉语课程多年，编写出版过经贸汉语教材及音像教材。其他编写者有专门从事汉语教学的老师，有计算机语言信息处理专家，还有两者兼通的青年学者。有这样几位专家合作，教材的质量与特色就不言而喻有了保证。经贸汉语人才是时代需要的复合型人才，这部教材的编写也体现了知识和人才的复合精神。

　　该教材以只掌握 800~1000 个汉语常用词和基本语法点的学习水平为起点，以能熟练运用汉语口语从事一般性商务工作为结业目标。教材设计不是简单的汉语言知识＋商务知识，而是在汉语言知识和商务知识的融通上下了一番功夫，将汉语词汇、语法、功能进行有序编排，又通过场面情景、交际活动、人物关系，甚至有故事有情节地展开了 24 个单元。从邀请、迎接、入住、参观到会谈的各个环节，包括价格、支付、运输、交货、合同、销售、索赔、投资直到广告、金融、商标、保险、商检等各类业务，基本涵盖了商贸活动中的常见内容，同时突出了在一般社会活动中常用的汉语口语功能。总之，由于话题和功能选择得当，所带动出现的反映经贸方面的词汇就相对全面而集中，便于学生结合商务活动需要进行汉语口语技能训练。教材有意识吸收多媒体与网络教学的思路和特点，编写过程尽量照顾到从印刷版本转化为多媒体光盘或网络课件的方便。

通用性、实用性强是该教材的优点。每课商务主题明确，表现这些主题的关键词选择得当，这类词语使用频率高，生成句子的能力强。围绕各课商务主题所选出的十个范句，是常用的口语功能及表达方式，有很强的适应性。学会了某种句型，根据需要替换个别词语，就可以适用于类似场合。将关键词与表达方式突出出来，有助于教师对教学重点的把握和学生较快地掌握基本技能。每个单元设计同一主题而略有区别的三课会话，不但词语和句型重现率高，而且能够适应情况变化的需要。练习编排的目的性清楚，有的偏重于对课文内容的理解，有的偏重对语音、语法、词汇的掌握，还有的旨在强化语义、语用方面。因此该教材特别适合学习商务汉语口语的各类人员使用。

21世纪是一个国际化的经济时代、信息时代，商贸活动成为人类社会生活中更重要的内容。中国要与世界沟通，世界要与中国交往，愿这本《经贸洽谈ABC》能成为您用汉语与中国人进行商务沟通与交往的最初的使者。

致学习者

本教材的使用对象是已经掌握 800～1000 个汉语常用词和基本语法点的学习者。整套教材包括文字本教科书、电子网络版、光盘、录音带等，是一部既互相独立又呈互动式的新一代初级商务汉语口语教材。因而，它既适用于远程网络商务函授教学需要，又可以作为高等院校对外汉语初级商务汉语教学的教科书，是您首选的动感实用课本。

本教材适用于从事对华经贸活动的外国人和华侨，也适合在华留学的外国留学生使用。

本教材共 24 单元，每个单元分为关键词语、功能表达方式、会话、生词、注释、练习等六大部分。

关键词语部分　由 10 个词语组成，其中第一个词语是本单元的"商务主题"。全书中的"商务主题"包括五个方面：一是一般商务活动话题，例如欢迎、预订、银行、宴会、参观、广告和海关；二是有关知识产权的话题，例如商标和专利；三是与货物贸易有关的话题，例如价格、支付、交货时间和地点、运输方式、销售和运输包装、保险、商检、合同和索赔；四是有关贸易方式的话题，例如代理、包销、技术贸易和加工贸易；五是直接投资话题，例如来华或到国外直接投资。

功能表达方式部分　根据商务活动需要，共选择了 28 个常用功能项目。功能项目的选择是以杨寄洲和赵建华分别主编的《对外汉语教学初级阶段教学大纲》、《对外汉语教学中高级阶段功能大纲》为参考，在每个单元中选择一个或两个功能项目，例如寒暄、介绍、请求和邀请等。然后，再从课文中选出 10 个有代表性的词语、结构或句式等，作为该功能项目的具体表达方式。

会话部分　每单元编有 3 个会话课文，全书共 72 篇。会话课文的选材和编排都是以商务主题为中心逐一展开的。根据对外汉语教学的特点和商务活动的规律，课文内容由浅入深，生词容量由小到大，功能难度由低到高。

生词部分　每篇会话课文后都有生词表。生词的选择是以《汉语水平词汇与汉字等级大纲》和《对外汉语教学初级阶段教学大纲》的"词汇大纲"为参考，以 800～1000 个汉语常用词语为基础，全书共选 1600 个生词。每课的生词都注有词性、汉语拼音和英语翻译。为了使远程函授教学或个人自学

3

时更贴近汉语普通话的实际交际状况，针对外国人学习汉语的共同难点，对部分生词的词性注明离合词（离），如"让步、都忙、封口、过目"等；对部分经贸专业术语不分割到词，整体出现，如"班轮运输、保险凭证、集合包装"等，这样有利于您的理解和掌握，避免产生歧义；对"一"、"不"两字采用变调注音，如"一（yí）切险、一（yì）举两得、不（bú）断、不（bù）可抗力"等。书后附有生词总表，超纲词535个，占生词总量的33.45%。

注释部分 语法点的选择是以《对外汉语教学初级阶段教学大纲》和《中高级对外汉语教学等级大纲》的"语法大纲"为参考，根据商务主题和功能项目的需要来筛选的。

练习部分 本教材的练习分为两大类：一类是每篇会话课文后所设的练习，包括回答问题、词语填写和搭配，旨在理解和消化该篇课文的重点。一类为综合练习，包括语音练习，如轻声、儿化、变调等；语法练习，如填写适当的量词、动词、形容词和补语，整理或改写句子等；语义练习，如思考题。设计此项练习的目的是，便于学习者加深对每单元商务主题内容的理解，或进行简单的总结和扩展。每个练习题都配有正确答案，附在生词总表后，供自学者参考。

本教材由刘丽瑛主编，并负责全书统稿。具体分工为：1～10单元由种国胜先生执笔；11～24单元由刘丽瑛女士执笔。生词的汉语拼音由隋岩完成；英语翻译由李晓敏承担。书中插图由姜沛创作。电子网络版由北京语言大学网络教育学院和华夏大地教育网联合制作（www.eblcu.net）。

本教材在开始设计、编写和出版过程中，得到了北京语言大学李杨教授的指导和鼓励。卓争鸣先生在资料方面给予了热情的帮助。在编写过程中，王钟华教授提出了许多宝贵意见。在此一并表示感谢。

刘丽瑛

2002 年 6 月

Introduction to the Course

With the progress of international economic integration and the deepening of China's reform and opening-up, China's foreign trade is developing rapidly and business activities between China and foreign countries are getting more and more frequent. As a result, there is an increasing need for people who know both business and the Chinese language. So far, however, there is no elementary course in business Chinese for beginners to build up and improve their communicative skills in business operations. The present course is compiled to meet this need.

This course is intended for learners with a vocabulary of over 800 Chinese words and basic grammar. The whole set consists of printed textbook, online version, CD-ROM and cassettes, which are independent as well as complementary. Therefore, this new elementary teaching package of business Chinese can meet the need of either online correspondence education or classroom use and is the first choice for foreign learners.

This course is for foreigners and overseas Chinese engaging in business with China as well as for foreign students studying in China.

This course is composed of 24 units, each of which is divided into 6 sections: Key Words, Functional Expressions, Dialogues, New Words, Notes, and Exercises.

Key Words. There are 10 key words in a unit. The first one is the business topic of the unit. The business topics of the course cover five aspects: the first is the common topic of business activities, such as welcome, reservation, bank, banquet, visit, advertisement and customs; the second concerns intellectual property, such as trademark; the third is about trade in goods, such as price, payment, time and place of delivery, transportation, sales, package, insurance, commodity inspection, contract and claims; the fourth deals with the modes of business operations, such as agent, exclusive sales, trade of technology and processing trade; the last is related to direct investment, such as investment in China or in foreign countries.

Functional Expressions. According to the requirement of business activities, 28 common functions are selected with reference to the Syllabus of Functions in elementary/intermediate-advanced stage of teaching Chinese as a foreign language edited respectively by Yang Jizhou and Zhao Jianhua. Each unit deals with one or two functions, such as greeting, introduction, request and invitation. Ten representative words, constructions or sentences are chosen from the text as the expressions of the function(s).

Dialogues. Each unit consists of 3 dialogues, that is, 72 in the whole book. The materials and their arrangement are centered on business. In accordance with the characteristics of teaching Chinese as a foreign language and the rules of business operations, the content of text and the function of the unit are arranged so that the easy comes before the difficult, and the new words gradually increase as the course progresses.

New Words. Every dialogue is followed by a list of new words selected with reference to the syllabus of vocabulary in *Chinese Proficiency Syllabus of Vocabulary and Chinese Characters* and *Syllabus in Elementary Stage of Teaching Chinese as a Foreign Language*. 1600 new words, each providing with the part of speech, phonetic transcription in *pinyin* and English equivalent, are presented in the whole book with 800 commonly-used words as the basis. To facilitate correspondence education and self-study, the part of speech of some words are marked as 离合词（离）, that is, separable words, such as 让步，帮忙，封口，过目；some trade terms occur as phrases rather than being segmented into words to avoid misinterpretation, such as 班轮运输，保险凭证，集合包装；the tones of 一 and 不 are marked in accordance with the pronunciation in actual context, such as 一（yí）切险，一（yì）举两得，不（bú）断，不（bù）可抗力.

Notes. The grammatical points are selected with reference to the syllabus of grammar in elementary/intermediate-advanced stages of teaching Chinese as a foreign language as well as the requirement of the function and business topic.

Exercises. The exercises fall into two types. To help understand and digest the text, every dialogue is followed by some exercises, including Answer questions, Fill in the blanks with appropriate words and Word collocations. To get a deeper understanding or to make simple summarization of the content of each unit, comprehensive exercises are designed, which include phonetic exercises such as those of the neutral tone, retroflex finals and change of tone grammatical exercises such as Fill in the blanks with appropriate measure words, verbs, adjectives and complements, Rearrange and Rewrite sentences, and semantic exercises such as Questions for thinking. The key to all the exercises is given after the vocabulary

6

list for reference.

The chief compiler of this course is Liu Liying, who is also responsible for the finalization of the whole book. The division of responsibility is as follows: the first ten units were compiled by Chong Guosheng; Liu Liying compiled units 11-24; Sui Yan transcribed the new words in *pinyin*; the English translation was done by Li Xiaomin; the illustrations were done by Jiang Pei. Online version was jointly produced by the Network Education College of BLCU and the Huaxia Dadi Distance Learning Services Co., Ltd.

The compilers would like to express their sincere thanks to Professor Li Yang, dean of the Chinese Language College for her advice and encouragement in the planning, compilation and publication of this book. Thanks should also be given to Zhuo Zhengming for his help in providing materials and to Professor Wang Zhonghua for his valuable advice.

We welcome all comments and suggestions from experts, colleagues and readers.

Liu Liying

June 2002

目 录

第一单元　请问，您是……

寒暄或介绍的表达方式

1. 请问，您贵姓？

2. 我叫大卫，是英国 DF 公司的业务代表。

3. 公司让我来接您。欢迎您来北京。

4. 认识您很高兴。这是我的名片，有事请跟我联系。

5. 欢迎您再次光临我们公司。

6. 请让我介绍一下，这位是我们代表团团长罗伯特先生。

7. 我代表公司向各位表示热烈的欢迎。

8. 张总经理让我转达他对大家的问候。

9. 大家一路上辛苦了。

10. 路上一切都很顺利，谢谢您特意来接我们。

（机场大厅里，李小刚拿着一张纸，纸上写着"大卫先生"）

大　卫：您好!

李小刚：请问，您是……

大　卫：我叫大卫，是英国 DF 公司的业务代表。请问，您贵姓?

李小刚：我叫李小刚，是中国 CRB 公司的代表。公司让我来接您。欢迎您来北京。

大　卫：谢谢，认识您很高兴。

李小刚：认识您我也很高兴。这是我的名片，有事请跟我联系。

大　卫：谢谢，这是我的名片，请多关照。

李小刚：（接过）不客气。以前来过北京吗，大卫先生?

大　卫：没来过，这是第一次。

李小刚：从贵国来北京，坐飞机要几个小时?

大　卫：差不多八个小时。

李小刚：辛苦了。旅馆已经安排好了，我们现在马上去友谊宾馆，好吗?

大　卫：好，谢谢您的安排。

生　词　New Words

1. 机场	（名）	jīchǎng	airport
2. 公司	（名）	gōngsī	company
3. 业务	（名）	yèwù	business; operation
4. 代表	（动/名）	dàibiǎo	representative
5. 贵姓		guì xìng	your surname (in question to show respect)
6. 名片	（名）	míngpiàn	business card; calling card
7. 联系	（动/名）	liánxì	to contact; contact
8. 关照	（动）	guānzhào	to look after; to keep an eye on
9. 辛苦	（形）	xīnkǔ	to go to great trouble; to go through hardships (meaning "tired" in the text)
10. 旅馆	（名）	lǚguǎn	hotel
11. 安排	（动/名）	ānpái	to arrange; arrangement
12. 宾馆	（名）	bīnguǎn	hotel

专 名 Proper Nouns

1. 李小刚   Lǐ Xiǎogāng   name of a person
2. 大卫   Dàwèi   David
3. 英国 DF 公司   Yīngguó DF Gōngsī   name of a British company
4. 中国 CRB 公司   Zhōngguó CRB Gōngsī   name of a Chinese company
5. 友谊宾馆   Yǒuyì Bīnguǎn   Friendship Hotel

注 释 Notes

1. 业务代表

名词定语说明中心语的性质时，不用"的"。如：

的 is not necessary after a noun attributive that indicates quality of the head word.

英国人

世界地图

足球运动员

而表示所属关系时，要用"的"。如：

的 is obligatory after a noun attributive that indicates possession.

公司的业务代表

哥哥的朋友

大卫的房间

2. 让

动词。表示"指示、容许或听任"的意思，必带兼语小句。如：

让 is a verb meaning "ask", "allow" or "let". It must be followed by a subject-predicate structure while the subject also serves as the object of 让.

(1) 公司让他去上海出差。

(2) 让我好好想想。

(3) 没关系，让他说吧。

类似"让"这样含使动意义的动词还有一些，如："请"、"叫"、"派"、"劝"、"要求"等。

There are other verbs similar to 让 that imply a meaning "make sb. do sth.," such as 请，叫，派，劝 and 要求.

3. 着

动态助词。用在动词后面，表示动作或状态的持续。如：

着 is an aspectual particle used after a verb to indicate the continuity of an action or a state.

(1) 他穿着一件蓝毛衣。

(2) 他背着一个大书包。

4. 请问

敬辞。常用于向他人询问事物。向别人询问时常用的礼貌说法。如：

This is a polite expression usually used to ask for information.

(1) 请问，这是丝绸公司吗？

(2) 请问，那是和平饭店吧？

5. 您贵姓?

敬辞。称与对方有关的事物。如：

贵 is a term of respect used to refer to something related to the person being addressed. It means "your".

(1) 从贵地来北京要多长时间？

(2) 感谢贵公司的合作与帮助。

练 习 Exercises

一、根据《会话 1》的内容，回答下列问题：

Answer the following questions according to Dialogue 1:

1. 大卫是哪国人？做什么工作？

2. 李小刚在哪儿工作？

3. 李小刚去机场做什么？

4. 李小刚见到大卫说的第一句话是什么？

5. 李小刚安排大卫住哪个旅馆？

二、选择下列词语填空：

Fill in the blanks with appropriate words given below:

欢迎、安排、叫、是、联系、让

1. 我（　　）大卫，（　　）英国 DF 公司的业务代表。

4

2．公司（　　）我来接您。

3．（　　）您来北京。

4．这是我的名片，有事请跟我（　　）。

5．旅馆已经（　　）好了。

三、填写适当的词语：

Fill in the blanks with appropriate words：

1．业务_____   2．安排_____   3．请跟我_____

4．请别_____   5．请多_____   6．认识您_____

会　话　2

（加拿大 SF 公司的经理约翰到中国 CRB 公司联系进口方面的业务）

李小刚：您好！约翰先生！欢迎您再次光临我们公司。

约　翰：谢谢，好久不见，李先生身体好吗？

李小刚：很好。路上辛苦了。

约　翰：一切都很顺利，谢谢。今天来贵公司的路上，我看见路旁新建了很
　　　　多高楼，又高又漂亮。北京的变化太大了！

李小刚：很多外国朋友都这么说，我们自己也觉得北京的变化很快。张经理
　　　　还特意让我安排一个时间，陪您游览一下北京的新景点呢。

约　翰：太好了！谢谢张经理。他最近身体好吗？工作忙不忙？

李小刚：张经理很好，他让我问您好。今天上午他有一个约会，跟客户谈进、
　　　　出口方面的业务，下午再跟您见面，请原谅。

约　翰：别客气，你和张经理都是我的老朋友、好朋友，我们的合作一直很
　　　　愉快。

李小刚：可不是，希望我们今后的合作更愉快。

生　词　New Words

1．经理	（名）	jīnglǐ	manager
2．光临	（动）	guānglín	presence (of a guest, etc.)
3．久	（形）	jiǔ	for a long time
4．顺利	（形）	shùnlì	all right; smoothly
5．特意	（副）	tèyì	specially; for a special purpose

6. 陪	（动）	péi	to accompany
7. 游览	（动）	yóulǎn	to visit; to go sightseeing
8. 景点	（名）	jǐngdiǎn	scenic spots
9. 客户	（名）	kèhù	client
10. 进口	（离）	jìn kǒu	to import
11. 出口	（离）	chū kǒu	to export
12. 约会	（名）	yuēhuì	appointment
13. 原谅	（动）	yuánliàng	to forgive
14. 合作	（动/名）	hézuò	to cooperate; cooperation

专 名 Proper Nouns

1. 加拿大 SF 公司	Jiānádà SF Gōngsī	name of a Canadian company
2. 约翰	Yuēhàn	John

注 释 Notes

1. 又……又……

并列复句。表示两种情况同时存在。如：

The compound sentence with 又……又…… expresses the coexistence of two cases or situations.

（1）这件毛衣又好看又便宜。

（2）这儿的冬天又冷又干燥。

注意：“又”后的形容词谓语前不能用“最”、“很”等表示程度的副词状语。如：

Note that the adjectival predicate after 又 cannot be modified by adverbs of degree, such as 最 and 很.

＊这件毛衣又最好看又最便宜。

＊这儿的冬天又很冷又很干燥。

2. 一直

副词。表示动作或状态的持续、不间断。如：

This is an adverb that indicates the continuity of an action or a state.

（1）我一直住在北京。

（2）他一直想去法国学习。

3. 可不是

习惯用语。表示同意对方意见，相当于"是的"、"你说得对"。多用在口语中。如：

This is an idiomatic expression meaning "Yes" or "You are right" to show agreement to what is said by the other party in conversation.

（1）A：今天天气真不错。

　　　B：可不是，不冷也不热，太舒服了。

（2）A：这几天你很忙吧？

　　　B：可不是，这星期我一直在跟客人谈进出口业务。

练　习　Exercises

一、根据《会话 2》的内容，回答下列问题：

Answer the following questions according to Dialogue 2：

1. 为什么李小刚说"欢迎您再次光临我们公司"？

2. 约翰来公司的路上看到了什么？

3. 张经理让李小刚做什么？

4. 为什么张经理上午没跟约翰见面？

5. 他们的合作怎么样？

二、选择下列词语填空：

Fill in the blanks with appropriate words given below：

　　让、又、光临、变化、一直

1. 欢迎您再次（　　）我们公司。

2. 他（　　）我问您好。

3. 我们的合作（　　）很愉快。

4. 这个商店的服装（　　）好看（　　）便宜。

5. 北京的（　　）太大了。

三、填写适当的词语：

Fill in the blanks with appropriate words：

1. 安排_____　　　2. 游览_____　　　3. 欢迎_____

4. 合作_____   5. 一切_____   6. 出口_____

会　话　3

(机场大厅里，李小刚正在迎接美国 PB 公司代表团)

李小刚：你们好！欢迎各位来北京。

罗伯特：谢谢。

李小刚：我叫李小刚，是中国 CRB 公司的业务代表，公司派我来迎接大家。

大　卫：谢谢。请让我介绍一下：这位是我们代表团团长罗伯特先生。这位
　　　　是史密斯先生。我叫大卫。

李小刚：大家好，我代表公司向各位表示热烈的欢迎。张总经理让我转达他
　　　　对大家的问候。

罗伯特：谢谢，认识您很高兴。

李小刚：认识您我也很高兴。大家一路上辛苦了。

罗伯特：路上一切都很顺利。谢谢您特意来接我们。

李小刚：不客气。这是我的名片，贵团有什么要求请跟我联系。

罗伯特：谢谢，一定。我们这次来北京，只有三天时间，我想明天上午跟张
　　　　总经理见面后，再商量一下儿代表团的活动计划和日程安排。

李小刚：没问题，我马上联系。旅馆已经安排好了，现在我们就去前门饭店，
　　　　大家累了，晚上好好休息一下儿。

罗伯特：多谢您的关照。

生　词　New Words

1. 表示	（动/名）	biǎoshì	to show; to express
2. 热烈	（形）	rèliè	warm; ardent
3. 转达	（动）	zhuǎndá	to pass on（a message）; to convey
4. 问候	（动）	wènhòu	to send one's regards to; to extend greetings to
5. 活动	（动/名）	huódòng	activities
6. 一切	（形/代）	yíqiè	all
7. 要求	（动/名）	yāoqiú	to require; request
8. 日程	（名）	rìchéng	schedule; programme
9. 累	（形）	lèi	tired

8

专 名 Proper Nouns

1. 美国 PB 公司　Měiguó PB Gōngsī　name of an American company
2. 罗伯特　Luóbótè　Robert
3. 史密斯　Shǐmìsī　Smith
4. 前门饭店　Qiánmén Fàndiàn　Qianmen Hotel

注 释 Notes

1. 正在

副词。用在动词前，表示动作在进行中。如：

This is an adverb used before a verb to indicate an action in progress.

(1) 他正在买东西。

(2) 大卫正在打电话。

表示动作正在进行状态的句子形式还有：

There are other patterns to show an action in progress：

(1) 他在看书。

(2) 他看书呢。

(3) 他正看书呢。

(4) 他正在看书呢。

2. 向

介词。跟指人的名词、代词组合，引进动作的对象。如：

The preposition 向 followed by a noun or pronoun introduces the receiver or beneficiary of an action.

(1) 他向客人介绍公司的情况。

(2) 我代表总经理向贵公司表示感谢。

练 习 Exercises

一、根据《会话 3》的内容，回答下列问题：

Answer the following questions according to Dialogue 3：

1. 李小刚在机场做什么呢？

9

2．代表团有几个人？团长是谁？

3．张总经理让李小刚做什么？

4．代表团团长有什么要求？

5．代表团住在哪儿？

二、选择下列词语填空：

Fill in the blanks with appropriate words given below：

向、转达、见面、迎接、特意、表示

1．公司派我来（　　）大家。

2．我代表公司（　　）朋友们（　　）热烈的欢迎。

3．张先生让我（　　）他对朋友们的问候。

4．我希望明天上午跟张总经理（　　）。

5．谢谢您（　　）来接我们。

三、填写适当的词语：

Fill in the blanks with appropriate words：

1．表示_____　　2．多谢_____　　3．迎接_____

4．转达_____　　5．代表_____　　6．介绍_____

综合练习　Comprehensive Exercises

一、选择画横线字的正确读音：

Choose the right phonetic transcription of the underlined part：

1．认识（shi/shì）　　2．客气（qì/qi）　　3．天气（qì/qi）

4．先生（shēng/sheng）　5．不是（bú/bù）　　6．不来（bú/bù）

7．一切（yì/yí）　　　8．一直（yì/yí）　　9．第一次（yí/yī）

二、填写适当的量词：

Fill in the blanks with appropriate measure words：

张、双、个、本、位

1．今天他跟经理谈了一（　　）多小时。

2．他买了两（　　）杂志。

3. 我给他两（　　）电影票。

4. 这（　　）客人是从加拿大来的。

5. 大卫穿着一（　　）黑皮鞋。

三、填写适当的动词：

Fill in the blanks with appropriate verbs：

让、要求、请、派、劝

1. 公司（　　）李小刚去英国工作。

2. 总经理（　　）史密斯先生吃晚饭。

3. 经理（　　）他接待这个代表团。

4. 我们（　　）他别生气。

5. 老师（　　）学生不要迟到。

四、整理句子：

Rearrange the given words into a sentence：

1. 我、派、大家、来、公司、迎接

2. 欢迎、朋友们、代表、向、我、表示、公司

3. 我、问候、他、让、的、转达、总经理

4. 先生、罗伯特、是、介绍、我、一下、这、位

5. 总、张、经理、谈谈、代表团、跟、我、的、活动、想、安排

五、用"又……又……"改写句子：

Rewrite the following sentences with 又……又……：

1. 他会说汉语，也会说英语。

2. 这种服装很好看，也很便宜。

3. 张先生是我的老师，也是我的朋友。

4. 这个孩子很聪明，也很漂亮。

5. 北京的冬天很冷，也很干燥。

六、思考题：

Questions for thinking：

1. 跟不认识的客人见面，怎样介绍自己？怎么向对方询问姓名？

2. 如何向对方介绍自己的亲人或朋友？

第二单元 四海为家

关键词语：预订 日程 生意 打扰 周到
目的 长途 出租 电梯 订票

请求或邀请的表达方式

1. 我要去广州参加广交会，<u>麻烦您</u>帮我订一张去广州的机票。

2. 根据我的日程安排，<u>最好订下</u>周二的。

3. <u>请订</u>一个单人套间，住四天。

4. 噢！对了，机票<u>请预订</u>往返的。

5. 我有件事，<u>想请您帮个忙</u>。

6. 我想<u>请您帮我</u>订一桌酒席。

7. <u>我想了解一下</u>，在中国请客时订菜单有什么讲究没有？

8. 那<u>就请您帮我</u>选一家合适的餐厅吧。

9. 我想陪您去远一些的地方看看，<u>怎么样</u>？

10. 我想约您一起去，<u>有兴趣吗</u>？

（和平饭店前厅服务台）

马丁：小姐，您好。请问哪位是服务台经理？

小姐：哦，那位先生就是。

马丁：您好，我是 302 房间的马丁。

经理：您好，马丁先生，有什么事吗？

马丁：我要去广州参加广交会，麻烦您帮我订一张去广州的机票。

经理：好的，您想订哪天的机票？

马丁：根据我的日程安排，最好订下周二的。

经理：没问题，马丁先生在广州准备住哪家饭店？

马丁：哪家都可以，不过最好是离广交会近一点儿，这样参观、谈生意都比较方便。

经理：好的。我现在就跟售票处和广州东方饭店联系。

马丁：让您费心了。飞广州的班机一天几趟？

经理：两趟，上午 9 点 45 分东南航空公司的 1102 航班，下午 3 点 30 分西北航空公司的 1108 航班。

马丁：那就订下午 3 点 30 分西北航空公司的 1108 航班吧，要头等舱。

经理：房间呢？有什么具体要求吗？

马丁：请订一个单人套间，住四天。噢！对了，机票请预订往返的。

经理：这么说，马丁先生还要回北京，是吗？

马丁：是啊，工作让我四海为家，从广州回来时还要来打扰你们。

经理：哪里，能接待您是我们的荣幸，欢迎您经常光临。

马丁：谢谢你们的周到服务。

生　词　New Words

1. 前厅	（名）	qiántīng	lobby
2. 服务台	（名）	fúwùtái	reception desk
3. 哦	（叹）	ò	*an interjection used to indicate an realization or understanding*
4. 订	（动）	dìng	to book; to reserve
5. 根据	（动/名）	gēnjù	according to; basis

6. 生意	（名）	shēngyi	business
7. 费心	（离）	fèi xīn	to take a lot of trouble
8. 趟	（量）	tàng	*a measure word for a vehicle that makes a trip*
9. 航空	（名）	hángkōng	aviation
10. 航班	（名）	hángbān	flight
11. 头等	（形）	tóuděng	first-class
12. 舱	（名）	cāng	cabin
13. 具体	（形）	jùtǐ	specific; concrete
14. 预订	（动）	yùdìng	to book; to reserve
15. 往返	（动）	wǎngfǎn	round (ticket)
16. 四海为家		sìhǎi wéi jiā	to make one's home wherever one is
17. 打扰	（动）	dǎrǎo	to bother
18. 荣幸	（形）	róngxìng	be honored
19. 周到	（形）	zhōudào	attentive and satisfactory; thoughtful; considerate

专 名 Proper Nouns

1. 和平饭店	Hépíng Fàndiàn	Peace Hotel
2. 马丁	Mǎdīng	Martin
3. 广州	Guǎngzhōu	a city in South China
4. 广交会	Guǎngjiāohuì	Guangzhou Chinese Export Commodities Fair
5. 东方饭店	Dōngfāng Fàndiàn	Dongfang Hotel
6. 东南航空公司	Dōngnán Hángkōng Gōngsī	Southeast China Airlines
7. 西北航空公司	Xīběi Hángkōng Gōngsī	Northwest China Airlines

注 释 Notes

1. 哪……都/也

固定结构。疑问代词"哪"用在"都、也"前，表示任指，强调在所说的范围内无例外。如：

The interrogative pronoun 哪 in the construction 哪……都/也 means "any".

14

It emphsizes that there is no exception among what is said within the limits mentioned.

(1) 哪个航班都可以。

(2) 哪个地方也没去过。

2．不过

连词。表示轻微的转折，多用在口语中。如：

The conjunction 不过, mostly used in spoken Chinese, expresses a slight turn in speech.

(1) 这个菜很好吃，不过有点儿辣。

(2) 我很想去，不过今天没有时间，明天去吧。

3．根据

介词。表示以某种事物或动作为前提或基础。如：

This is a prepostion introducing something or some action as a prerequisite or basis of what is said in the main clause. It means "according to."

(1) 根据公司的要求，我要参加明天的展览会。

(2) 根据我的了解，他不是英国人。

4．最好

副词。表示最大的希望，最理想的选择。如：

The adverb 最好 means "had better." It indicates the most ideal choice or one's greatest hope.

(1) 明天你最好八点来。

(2) 我们大家最好都不要抽烟。

5．对了

插入语。在口语中用在句首，以引起谈话对方的注意并引出另一话题。如：

At the beginning of a sentence in spoken Chinese, the parenthesis 对了 introduces another topic as well as drawing the other party's attention.

(1) 对了，你还没告诉我你的房间号码。

(2) 对了，你要的飞机票订到了。

6．哪里

疑问代词。单独用在答话里，表示否定，是一种客气的说法。口语中常说"哪里哪里"。如：

The pronoun 哪里 standing by itself in reply to a compliment is an expression of modesty. 哪里哪里 is often used in spoken Chinese.

(1) A：你的汉语说得真好。

B：哪里哪里，我刚学了半年，说得不好。

(2) A：你的汽车真漂亮。

B：哪里，你的汽车比我的漂亮多了。

7. 头等舱

形容词。表示"最高的、第一等"的意思。如：

头等 is an adjective meaning "top", "superior" or "first-class."

头等大事/头等重要

练 习 Exercises

一、根据《会话 1》的内容，回答下列问题：

Answer the following questions according to Dialogue 1：

1. 马丁先生想请服务台经理办什么事？

2. 马丁先生要去哪儿？做什么？

3. 马丁先生要订哪种机票？

4. 马丁先生要订什么样的旅馆？

5. 马丁先生要订什么样的房间？

二、选择下列词语填空：

Fill in the blanks with appropriate words given below：

接待、对了、光临、最好、就

1. 什么旅馆都可以，不过（   ）是离广交会近一点儿的。

2. 我现在（   ）跟售票处和广州东方饭店联系。

3. 能（   ）您是我们的荣幸。

4. 欢迎您经常（   ）。

5. （   ），机票请预订往返的。

三、填写适当的词语：

Fill in the blanks with appropriate words：

1. 预定_____   2. 接待_____   3. 具体_____

4. 日程_____   5. 往返_____   6. 参加_____

（莱克打电话请饭店业务部主任李海去他的房间）

李海：您好，我是饭店业务部主任李海。莱克先生，找我来有什么事吗？

莱克：请坐！是这样，我有件事，想请您帮个忙。

李海：别客气，我一定尽力而为。

莱克：我这次来北京的目的主要是洽谈服装方面的生意。昨天跟一家公司的
　　　经理谈得很好，合作得很愉快。我想请您帮我订一桌酒席。

李海：您这是要请客呀，这好说，不知您有什么具体的要求？

莱克：我想了解一下，在中国请客时订菜单有什么讲究没有？

李海：这个嘛，一般要看邀请的客人是不是熟人，另外还要看客人的口味怎
　　　么样。

莱克：请再说得具体点儿好吗？

李海：邀请的客人要是熟人，主人预订菜单，或者请客人点菜，都行。

莱克：那邀请的客人不是熟人呢？

李海：这时候一般由主人订菜单比较好，不过，要尽量照顾客人的口味。

莱克：噢，明白了。我请的这位经理是上海人。

李海：那我建议您最好不要在我们这里的餐厅请客。

莱克：为什么？

李海：因为这儿的菜主要是川菜和鲁菜，不太适合南方人的口味。

莱克：那就请您帮我选一家合适的餐厅吧。

李海：我建议您去前门饭店，那里的菜，比较适合上海人的口味。

莱克：好。可是我去的时候怎么预定出租汽车呢？

李海：这简单，给出租汽车公司打个电话，定一下时间就可以了。电话号码
　　　您房间里就有。

莱克：太麻烦您了，非常感谢。

李海：不客气。

生 词 New Words

1. 尽力而为		jìn lì ér wéi	to try one's best
2. 目的	（名）	mùdì	aim; purpose
3. 洽谈	（动）	qiàtán	to negotiate

4. 酒席	（名）	jiǔxí	feast; banquet
5. 讲究	（动/形）	jiǎngjiu	to pay attention to; be particular about
6. 熟人	（名）	shúrén	acquaintance
7. 由	（介）	yóu	by
8. 口味儿	（名）	kǒuwèir	a person's taste
9. 点菜		diǎn cài	to order (dishes)
10. 尽量	（副）	jǐnliàng	to the best of one's abilities
11. 照顾	（动）	zhàogù	to take care of; to look after
12. 噢	（叹）	ō	*an interjection used to indicate understanding*
13. 建议	（名/动）	jiànyì	suggestion; to suggest
14. 选	（动）	xuǎn	to choose
15. 适合	（动）	shìhé	to suit

专 名 Proper Nouns

1. 莱克	Láikè	name of a person
2. 李海	Lǐ Hǎi	name of a person
3. 川菜	Chuāncài	Sichuan（a province in Southwest China）cuisine
4. 鲁菜	Lǔcài	Shandong（a province in North China）cuisine

注 释 Notes

1. 按

介词。由"按"组成的介宾结构表示遵从某种标准、规格。如：

Prepositional constructions with the prepostion 按 indicate compliance with a norm or criterion.

（1）按我的日程安排，明天要跟李经理见面，谈生意。

（2）这件事就按我们昨天商量的意见办吧。

2. 什么

疑问代词的虚指用法，表示不确定的事物或人。省去"什么"意思不变，但语气比较直率。如：

The interrogative pronoun 什么 may be used to refer to anything indefinite.

(1) 今天晚上我没有什么安排。

(2) 在北京你有什么亲戚吗?

(3) 我想吃点什么东西。

3. 四五位

两个相邻数字连用，表示概数。如:

Juxtaposition of two consecutive numbers expresses approximation.

两三天/四五个/十七八岁/八九十人

4. 尽量

副词。表示力求在一定范围内达到最大限度。如:

The adverb 尽量 means "as far as possible or to the best of one's ability."

(1) 请您尽量说慢些。

(2) 我们明天要尽量早一点去。

(3) 他身体不好，要尽量多休息。

5. 差不多

形容词。在句中作谓语，表示两种或者多种事物的情形、性质等相近。如:

The adjective 差不多 as the predicate in a sentence expresses similarity between two or more things in a certain aspect.

(1) 这两种产品价钱差不多，质量也差不多。

(2) 这两个生词的意思差不多，但用法却不一样。

6. 邀请的客人

在句中，动词、动词结构或主谓结构常作定语。如:

In a sentence, verbs, verbal constructions or subject-predicate constructions often function as attributives.

(1) 昨天的洽谈会很重要，参加的人多极了。

(2) 参加洽谈会的人请到二楼会议厅。

(3) 他订的飞机票是头等舱。

练 习 Exercises

一、根据《会话 2》的内容，回答下列问题：

Answer the following questions according to Dialogue 2：

1. 莱克先生请业务部主任帮什么忙？
2. 莱克先生来北京的目的是什么？
3. 请客时，邀请的客人要是熟人，怎么订菜单？
4. 邀请的客人不是熟人，怎么订菜单？
5. 业务部主任李海的建议是什么？

二、选择下列词语填空：

Fill in the blanks with appropriate words given below：

打算、差不多、洽谈、固定、建议

1. 我这次来北京的目的，主要是（   ）服装方面的生意。
2. 我（   ）订一桌酒席。
3. 这方面的习惯和我们国家（   ）。
4. 那家饭店的风味，比较（   ）上海人的口味。
5. 他（   ）我们星期天去西山看看，那里的红叶美极了。

三、填写适当的词语：

Fill in the blanks with appropriate words：

1. 洽谈_____   2. 邀请_____   3. 电话_____
4. 尽力_____   5. 尽量_____   6. 主要_____

会 话 3

（李小刚打电话约尼克一起去旅游）

李小刚：喂，是尼克先生吗？我是李小刚。对不起，这么晚了，打扰您休息了。

尼　克：没关系。有事吗？

李小刚：明天是星期天，您有什么安排没有？

尼　克：没有，来北京已经一个星期了，生意谈得差不多了，明天想休息一下，随便转转。

李小刚：北京您已来过好几次了，附近的许多旅游景点，像故宫、天坛、北

海、颐和园、长城、十三陵、香山、圆明园等都游览过了。这一次
我想陪您去远一些的地方看看，怎么样？

尼　克：好极了！谢谢您的邀请。去哪儿？

李小刚：是这样，北京的北边，有个叫承德的地方，那里有一处著名的名胜
　　　　古迹，叫避暑山庄。

尼　克：噢，就是清朝皇帝在那里避暑的行宫吧？

李小刚：对，可能您早已知道这个旅游景点了，去过吗？

尼　克：没有，我是在画报上看到的，真是个风景优美的避暑胜地，离北京
　　　　有多远？

李小刚：不太远，北京有长途公共汽车直通那里。当然，坐出租汽车就更快
　　　　了，大概三个多小时就能到。

尼　克：听您这么一说，我真想去承德看一看。

李小刚：太巧了，承德旅游公司的经理邀请我明天去参加他们的一个活动，
　　　　我想约您一起去，有兴趣吗？

尼　克：好啊！谢谢您的邀请。那什么时候去？

李小刚：明天吃过早饭就准备出发，怎么样？

尼　克：好，我们在哪儿见面？

李小刚：您的房间是……

尼　克：302号，就在电梯旁边。

李小刚：好，明早八点在您的房间碰头！

尼　克：好，我等您！

生　词　New Words

1. 附近　　　（名）　　fùjìn　　　　　　neighborhood; nearby
2. 邀请　　　（动/名）　yāoqǐng　　　　 to invite; invitation
3. 名胜古迹　　　　　　míngshèng gǔjì　scenic spots and historical sites
4. 避暑　　　（离）　　bì shǔ　　　　　to stay away from heat in a
　　　　　　　　　　　　　　　　　　　summer resort
5. 行宫　　　（名）　　xínggōng　　　　imperial palace for short stays away
　　　　　　　　　　　　　　　　　　　from the capital
6. 胜地　　　（名）　　shèngdì　　　　　resort
7. 长途　　　（名）　　chángtú　　　　　long-distance
8. 公共　　　（形）　　gōnggòng　　　　public

9. 通	（动）	tōng	(train, bus, etc.) to go to; (road, etc.) to lead to
10. 巧	（形）	qiǎo	opportune; coincidental
11. 兴趣	（名）	xìngqù	interest
12. 电梯	（名）	diàntī	elevator; lift
13. 碰头	（离）	pèng tóu	to meet

专 名 Proper Nouns

1. 尼克	Níkè	Nick
2. 故宫	Gùgōng	the Imperial Palace; the Forbidden City
3. 天坛	Tiāntán	the Temple of Heaven
4. 北海	Běihǎi	the Beihai Park
5. 颐和园	Yíhéyuán	the Summer Palace
6. 长城	Chángchéng	the Great Wall
7. 十三陵	Shísānlíng	the Ming Tombs (in Beijing)
8. 香山	Xiāng Shān	the Fragrant Hill
9. 圆明园	Yuánmíngyuán	the Garden of Perfection and Light
10. 承德	Chéngdé	a summer resort in Hebei Province of China

注 释 Notes

1. 好几次

副词。用在数量词、形容词"几、多、久、长"前面，强调数量多或时间久。如：

好 preceding the numeral 几 or adjectives 多，久，长 is an adverb that emphasizes a large quantity or a long period.

(1) 我去了好几次。

(2) 好久不见了。

(3) 好长时间没打球了。

2. 形容词/动词 + 极 + 了

固定结构。"极"作补语，表示程度达到最高点。如：

极 in this construction serves as a complement to indicate the highest degree.

22

(1) 他的身体棒极了。

(2) 看了你的来信，我感动极了。

3. 差不多

形容词。在句中作补语，表示动作接近完成。如：

This is an adjective used as a complement in a sentence to indicate that an action is nearing completion.

(1) 我准备得差不多了。

(2) 我们商量得差不多了。

练 习 Exercises

一、根据《会话3》的内容，回答下列问题：

Answer the following questions according to Dialogue 3：

1. 尼克游览过北京的哪些名胜古迹？

2. 北京的北边有一处名胜古迹叫什么？

3. 尼克是怎么知道避暑山庄的？

4. 李小刚为什么给尼克打电话？

5. 他们约定在哪儿见面？几点出发？

二、选择下列词语填空：

Fill in the blanks with appropriate words given below：

极、可能、随便、附近、差不多

1. 生意谈得（　　　）了。

2. 明天想休息一下，（　　　）转转。

3. （　　　）的名胜古迹都看过了。

4. （　　　）您早已知道这一个旅游景点了。

5. 风景美（　　　）了。

三、填写适当的词语：

Fill in the blanks with appropriate words：

1. 名胜_____

2. 旅游_____

3. 公共_____

4. 参加_____

5. 出租_____

6. 避暑_____

一、选择画横线字的正确读音：

Choose the right phonetic transcription of the underlined part：

1. 休<u>息</u> (xī/xi)　　2. 商<u>量</u> (liang/liáng)　　3. <u>哪</u>儿 (nǎ/nǎr)

4. <u>要</u>求 (yào/yāo)　　5. 目<u>的</u> (de/dì)　　6. 客<u>人</u> (rén/ren)

7. 麻<u>烦</u> (fán/fan)　　8. 干<u>净</u> (jing/jìng)　　9. 生<u>意</u> (yì/yi)

二、填写适当的数量词语：

Fill in the blanks with appropriate measure words：

　　家、张、处、桌、位

1. 北京的北边有一（　　）著名的名胜古迹。

2. 昨天李经理在和平饭店预订了两（　　）酒席。

3. 好几（　　）公司的经理都参加了今天的大会。

4. 这（　　）是北京大学的王教授。

5. 我买了两（　　）电影票。

三、填写适当的动词：

Fill in the blanks with appropriate verbs：

　　游览、建议、请、谈、预订

1. 我要（　　）一张去上海的机票。

2. 我们（　　）得差不多了。

3. 经理（　　）他最好不在这家饭店请客。

4. 我（　　）的客人都是熟人。

5. 明天我们去承德（　　）。

四、整理句子：

Rearrange the given words into a sentence：

1. 已经、得、了、生意、谈、差不多

2. 参加、我、去、广交会、要、广州

3. 固定、请客、的、没有、标准

4. 风景、那儿、美、的、了、极

5. 来、我、过、已经、次、好、几、了

五、用指定词语改写句子：

Rewrite the following sentences with the given words：

1. 客人提出要求，公司又安排了一次游览活动。（根据）

2. 买这种礼物可以，买那种礼物也可以。（什么）

3. 我们进口丝绸的生意快谈完了。（差不多）

4. 这件事比较麻烦，我会尽力去做的。（尽力而为）

5. 李经理今天有事，我来陪您去长城。（由）

六、思考题：

Questions for thinking：

1. 去一个国家或城市旅游、谈生意，应该做哪些准备？

2. 请客吃饭有什么讲究？

第三单元 哪家银行离我们最近

关键词语：银行 兑换 营业 照常 人民币
美元 提取 汇款 停止 账户

询问的表达方式（一）

1. 北京哪几家银行经营这类业务？

2. 不知中国工商银行的信誉怎么样？

3. 开立存款账户时，手续复杂吗？

4. 定期存款的期限还有很多种吧？

5. 定期存款的利息比活期高得多，是不是？

6. 您知道最近美元与人民币的兑换率是多少？

7. 请问您要存款还是取款？

8. 银行营业到几点？

9. 不知银行方面还有什么手续要办？

10. 请问，哪儿办理外汇汇款业务？

会 话 1

(汉斯给方明打电话，方明来到他的房间……)

汉斯：这么多现金带在身边，不安全，也不方便，我想开个外汇账户。

方明：这个想法不错。

汉斯：北京哪几家银行经营这类业务？

方明：太多了，中国银行、工商银行、建设银行、交通银行等都可以。

汉斯：离我们饭店最近的是哪家？

方明：长安大街的中国工商银行。

汉斯：我在国内只听说过中国银行，不知中国工商银行的信誉怎么样？

方明：很好。我上面说到的几家银行，规模、信誉和服务质量都不错。

汉斯：开立存款账户时，手续复杂吗？

方明：不复杂，只要拿护照，按要求填写一张存款凭条就可以了。

汉斯：要是我打算同时存两三种不同的外币呢？

方明：那也没有问题。银行为了方便客户，开始使用一卡通。

汉斯：什么是一卡通？

方明：就是不管存多少种外币，建一个账户就可以了。

汉斯：这的确很方便。定期存款的期限有很多种吧？

方明：定期存款分七天通知、一个月、六个月、一年等好几个档次。

汉斯：定期存款的利息比活期高得多，是不是？

方明：是的，不过不同外币的存款利率相差很大，比如日元的利率就很低。

汉斯：谢谢您给了我这么多信息。

方明：不客气，还有什么不明白的，到银行再问吧。

生 词 New Words

1. 开	(动)	kāi	to open
2. 账户	(名)	zhànghù	account
3. 安全	(形/名)	ānquán	safe; safety
4. 开立	(动)	kāilì	to open
5. 外汇	(名)	wàihuì	foreign exchange
6. 经营	(动)	jīngyíng	to manage; to run
7. 类	(名/量)	lèi	kind; type

8. 信誉	（名）	xìnyù	reputation; credit standing
9. 质量	（名）	zhìliàng	quality
10. 手续	（名）	shǒuxù	procedure
11. 填	（动）	tián	to fill; to fill in
12. 存款	（离）	cún kuǎn	deposit; saving
13. 凭条	（名）	píngtiáo	voucher
14. 的确	（副）	díquè	indeed
15. 一卡通	（名）	yìkǎtōng	multifunctional card
16. 活期	（名）	huóqī	current（deposit）
17. 定期	（名）	dìngqī	fixed（deposit）
18. 期限	（名）	qīxiàn	term; time limit
19. 利息	（名）	lìxī	interest
20. 利率	（名）	lìlǜ	interest rate
21. 相差	（动）	xiāngchà	to differ
22. 日元	（名）	rìyuán	Japanese Yen
23. 信息	（名）	xìnxī	information

专 名 Proper Nouns

1. 汉斯	Hànsī	Hans
2. 方明	Fāng Míng	name of a person
3. 中国银行	Zhōngguó Yínháng	Bank of China
4. 工商银行	Gōngshāng Yínháng	Industrial and Commercial Bank
5. 建设银行	Jiànshè Yínháng	Construction Bank
6. 交通银行	Jiāotōng Yínháng	Bank of Communications
7. 长安大街	Cháng'ān Dàjiē	Chang'an Street

注 释 Notes

1. 等

助词。代替省略部分，表示"列举未尽"的意思。如：

The particle 等 is preceded by one or several coordinate elements to express an incomplete listing.

（1）北京、上海、天津等都是中国有名的大城市。

(2) 我的工作主要是联系服装、丝绸等方面的出口业务。

(3) 一般银行定期存款的期限有一个月、三个月、六个月、一年、两年等几种。

助词"等"还可以概括全数列举的各项，起煞尾作用。"等"后往往有概括的数量词语。如：

It can also function as an indicator of the completion of a listing and in this case, it is often followed by a numeral-classifier compound of generalization.

(1) 这次，丝绸、茶叶等两方面的生意我都想跟贵公司洽谈。

(2) 故宫、长城、颐和园等三个有名的地方我都去过了。

2. 只要……就……

条件复句。前一分句中的连词"只要"表示"产生某种结果的必要的条件"。后一分句中的副词"就"表示在前面的条件下，一定出现的结果。如：

This is used in a complex sentence of condition in which the conjunction 只要 in the first clause expresses the essential condition of a certain result and the adverb 就 in the second clause expresses the inevitable outcome under the above-mentioned condition.

(1) 只要去中国银行办一下手续，你就能开一个个人账户。

(2) 只要跟李小刚一起去，就会觉得很方便。

3. 在

介词。用在动词后边作结果补语，表示动作达到的处所。如：

The preposition 在 following a verb functions as a complement of result to indicate where a person or thing is.

(1) 他坐在椅子上看书。

(2) 我的钱都放在皮包里了。

(3) 他的汽车没停在饭店门口。

4. 除了……以外

固定格式。表示补充。在已有部分外，增加补充其他部分。后面常有"还、也、更"等副词呼应。有时也可省略"以外"。如：

The construction 除了……以外 expresses inclusion or addition. It is usually used in coordination with adverbs 还，也，更, etc. And 以外 can be left out sometimes.

(1) 除了谈生意以外，我们还去长城看了看。

(2) 除了这几种，我们也有其他的样式。

（3）除了那个地方，他更想去青岛旅游。

5．据我所知

习惯用语。意思是"根据我所知道的情况"。助词"所"用在及物动词前边，使"所＋动"成为名词性短语。如：

This is an idiomatic expression meaning "as far as I know." The particle 所 preceding transitive verbs makes the construction 所 + verb a noun phrase.

（1）据我所知，除了北京以外，西安的名胜古迹也很多。

（2）据我所知，北京的经济开发区中，中关村最大。

练　习　Exercises

一、根据《会话1》的内容，回答下列问题：

Answer the following questions according to Dialogue 1：

1．为什么汉斯想在银行开立个人外汇账户？

2．北京有哪几家银行经营这类业务？

3．中国工商银行的信誉怎么样？

4．怎样办理个人储蓄账户？

5．不同外币的存款利率一样吗？

二、选择下列词语填空：

Fill in the blanks with appropriate words given below：

只要、等、除了、在、据我所知

1．（　　）想开立个人账户，就可以去中国工商银行办理。

2．这几家银行在规模、信誉、服务质量（　　）方面都不错。

3．现金放（　　）银行里很安全。

4．开外汇账户（　　）拿护照以外，还要填一张存款单。

5．（　　），定期存款有三个月、六个月、一年等好几种。

三、填写适当的词语：

Fill in the blanks with appropriate words:

1. 开立_____   2. 服务_____   3. _____要求

4. 存款_____   5. 手续_____   6. _____利率

会 话 2

（汉斯和方明一起走出会客室）

汉斯：圣诞节就要到了，我想给太太和孩子买几件礼物。

方明：圣诞节是贵国最大的节日，是应该对家人有所表示。

汉斯：我手里的人民币不多了，想用美元兑换一些。

方明：这很方便，要我陪您一起去吗？

汉斯：谢谢，不用了。您知道最近美元与人民币的兑换率是多少？

方明：大概是一比八点二七左右。

汉斯：好，我现在就去，下午见。

（银行营业大厅）

营业员：先生，您好。请问您要存款还是取款？

汉　斯：我要提取一部分美元，兑换成人民币，这是我的存折。

营业员：好，请您先填两张单子。

汉　斯：什么单子？怎么填？

营业员：一张是取款凭条，填写您要取的数目，另一张是兑换单。

汉　斯：劳驾，请看，我这样填对吗？

营业员：对是对，不过您还得再填一下您的名字和您一卡通的账号。

汉　斯：谢谢您的提醒。

营业员：您取的是一千五百美元，按今天的兑换率一比八点二七八五，应付给您人民币一万二千四百一十七块七毛五分。

汉　斯：好，谢谢。

营业员：这是一万块，这是两千四百一十七块七毛五分，一共是一万二千四百一十七块七毛五分，请拿好。

汉　斯：劳驾，再问一下儿，我们带的旅行支票你们接受吗？

营业员：接受。好，欢迎您再来。

生 词 New Words

1. 人民币	（名）	rénmínbì	Chinese currency; RMB
2. 美元	（名）	měiyuán	US dollar
3. 兑换	（动）	duìhuàn	to exchange
4. 率	（名）	lǜ	rate
5. 左右	（助）	zuǒyòu	about
6. 营业	（动）	yíngyè	to operate; business
7. 提取	（动）	tíqǔ	to withdraw
8. 存折	（名）	cúnzhé	bankbook; deposit book
9. 单子	（名）	dānzi	form
10. 数目	（名）	shùmù	amount
11. 账	（名）	zhàng	account
12. 提醒	（动）	tíxǐng	to remind
13. 付	（动）	fù	to pay
14. 支票	（名）	zhīpiào	check; cheque
15. 接受	（动）	jiēshòu	to accept

专 名 Proper Noun

圣诞节	Shèngdàn Jié	Christmas

注 释 Notes

1. 有所……

固定格式。助词"所"一般与双音节动词构成名词性短语，可作"有"的宾语，表示程度上的差别。如：

This is a fixed pattern. The particle 所 usually combines with bisyllabic verbs to function as the object of 有 to show difference in degree.

有所提高（降低）/有所上升（下降）/有所增加（减少）/

有所认识（作为、表示、不知、觉察）

2．左右

概数的一种表达方式，常用在时间、数量等词的后面。如：

左右 is often used after words of time or numeral-classifier compounds to express approximation.

(1) 八点左右你给小刚回个电话。

(2) 这种茶叶一公斤一百块钱左右。

(3) 从这儿去中国银行一刻钟左右就可以到。

3．好

形容词。用在动词后作结果补语，表示动作完成或达到完善的地步。如：

The adjective 好 after a verb serves as a complement of result that indicates the completion of an action or the attainment of perfection.

(1) 我一定要学好汉语。

(2) 请放心，今天一定能准备好。

(3) 妈妈已经做好晚饭了。

4．成

动词。作另一动词的补语，表示"成为"的意思，必须带宾语。如：

The verb 成 functioning as a complement of another verb means "become" and it must take an object.

(1) 以前的饭馆改成小卖部了。

(2) "大夫"这个词应该念成"dàifu"。

(3) 这个句子请你翻译成中文。

练　习　Exercises

一、根据《会话 2》的内容，回答下列问题：

Answer the following questions according to Dialogue 2:

1．汉斯为什么想给孩子和夫人买礼物？

2．汉斯想去银行做什么？

3．最近美元与人民币的兑换率是多少？

4．美元换人民币要什么手续？

5．银行接受旅行支票吗？

二、选择下列词语填空：

Fill in the blanks with appropriate words given below:

取款、兑换、取、过目、支票

1. 中国工商银行接受他们带的旅行（　　　）。

2. 请问你要存款还是（　　　）？

3. 最近美元与人民币的（　　　）率是一比八点二七左右。

4. 您（　　　）的是一千五百美元。

5. 这是我填的取款单和兑换单，请（　　　）。

三、填写适当的词语：

Fill in the blanks with appropriate words:

1. 有所＿＿＿＿＿＿　　2. 兑换＿＿＿＿＿＿　　3. ＿＿＿＿＿＿支票

4. 提取＿＿＿＿＿＿　　5. 填写＿＿＿＿＿＿　　6. ＿＿＿＿＿＿存折

会 话 3

（方明送汉斯回饭店）

方明：汉斯先生，我们双方的合作协议已经签完，您该好好休息一下了。

汉斯：是啊，可我们还想在北京、上海和广州等地选购一部分小型的设备。

方明：如果有什么需要我们帮助办的，请别客气。

汉斯：我打算让公司汇一部分款来，不知银行方面还有什么手续要办？

方明：这方面的情况我也不太清楚，但我可以陪您去银行问问。

汉斯：谢谢，银行营业到几点？

方明：一般是五点半停止营业。

汉斯：现在是四点三刻，还来得及，我们去吧。

（银行里）

方　明：请问，在哪儿办理外汇汇款业务？

营业员：就在这儿。

汉　斯：我想让国内公司给我汇一部分款来，不知要办什么手续？

营业员：请问，您在我们银行开立账号了吗？

汉　斯：开立了。

营业员：那我们收到汇款后会马上为您办理结汇、入账手续的。

汉　斯：几天能寄到？不会寄丢吧？

营业员：请放心，绝对安全。时间不会太长，最快的三天就能到账。

34

汉　斯：汇款寄来后您能马上通知我们吗？

营业员：可以，请留下您的电话号码或通讯地址。

汉　斯：取款时还需要什么证件吗？

营业员：只要拿汇款通知单和护照就可以了。

汉　斯：对不起，顺便问一下，银行提供的汇款方式有哪几种？

营业员：票汇、电汇、信汇三种。

汉　斯：谢谢。对了，要是汇款星期天寄到怎么办？

营业员：没问题，星期六、星期天我们照常营业。

生　词　New Words

1. 双方	（名）	shuāngfāng	both sides; two parties
2. 协议	（名）	xiéyì	agreement
3. 签	（动）	qiān	to sign
4. 选购	（动）	xuǎngòu	to pick out and buy
5. 小型	（形）	xiǎoxíng	small-scale; small-sized
6. 设备	（名）	shèbèi	equipment
7. 汇	（动）	huì	to remit
8. 停止	（动）	tíngzhǐ	to stop
9. 办理	（动）	bànlǐ	to handle; to transact
10. 结汇	（动）	jiéhuì	to convert foreign exchange
11. 入账	（离）	rù zhàng	to pass through accounts; to pass entries
12. 绝对	（形）	juéduì	absolute
13. 完全	（形）	wánquán	complete
14. 有关	（形）	yǒuguān	related; relevant
15. 通讯	（名）	tōngxùn	communication
16. 地址	（名）	dìzhǐ	address
17. 证件	（名）	zhèngjiàn	credentials; papers; certificate
18. 提供	（动）	tígōng	to provide; to offer
19. 方式	（名）	fāngshì	means; way
20. 票汇	（名）	piàohuì	Demand Draft（D/D）
21. 电汇	（名）	diànhuì	Telegraphic Transfer（T/T）
22. 信汇	（名）	xìnhuì	Mail Transfer（M/T）
23. 照常	（形）	zhàocháng	as usual

专 名 Proper Noun

上海　　　　Shànghǎi　　　　a city in South China

注 释 Notes

1. 来得及

习惯用语。表示还有时间，能够顾到或赶上。后面只能带动词。前面常有"还、就、也"等副词连用。否定式是"来不及"。如：

The idiomatic expression 来得及 means "there is still time to do something." It is exclusively followed by verbs and is often preceded by adverbs 还，就，也，etc. The negative form is 来不及.

(1) 银行五点关门，现在去还来得及，过一个小时再去就来不及了。

(2) 下星期五回国，现在去上海办点事也来得及。

(3) 不要着急，这些问题都来得及处理。

2. 完

动词。用在动词后作结果补语，表示动作的结束。如：

The verb 完 may be placed after another verb as a complement of result to express the completion of an action.

(1) 我们的合作协议已经签完了。

(2) 他没吃完饭呢。

3. 到

动词。在动词后作结果补语。表示动作持续到什么时间，宾语一定是表示时间的词语；表示通过动作使事物达到某处，宾语一定是表示处所的词语。如：

The verb 到 may follow other verbs as a complement of result. To indicate that an action lasts till a time, the object must be words of time; to indicate that somebody or something is at a place through an action, the object must be words of place.

(1) 他工作很忙，差不多每天都要工作到十二点。

(2) 汽车已经开到公司门口了。

4. 下

动词。用在动词后作补语，是简单趋向补语的一种引申用法，表示使某人或某事固定在某处。如：

The verb 下 after another verb as a complement is an extended usage of simple directional complement. It means "make people or things stop or stay at a place".

(1) 请写下你的名字。

(2) 请收下这件礼物。

(3) 这个屋子能坐下一百多人。

练 习 Exercises

一、根据《会话3》的内容，回答下列问题：

Answer the following questions according to Dialogue 3:

1. 合作协议签完后汉斯想做什么？

2. 汉斯为什么要去银行？

3. 在银行汇款要多长时间？

4. 取汇款时要什么证件？

5. 银行提供的汇款方式有哪几种？

二、选择下列词语填空：

Fill in the blanks with appropriate words given below:

　　办理、接受、照常、到、下

1. 银行（　　）旅游支票。

2. 我取汇款时都要（　　）哪些手续？

3. 汇款寄（　　）后，银行怎么通知收款人呢？

4. 请您留（　　）电话号码。

5. 星期六和星期天我们（　　）营业。

三、填写适当的词语：

Fill in the blanks with appropriate words:

1. 照常_____　　2. 办理_____　　3. 留下_____

4. 选购_____　　5. 接受_____　　6. 提供_____

| 综合练习 **Comprehensive Exercises** |

一、选择画横线字的正确读音:

Choose the right phonetic transcription of the underlined part:

1. 个<u>人</u>（ren/rén）　2. 部<u>分</u>（fēn/fen）　3. 方<u>式</u>（shi/shì）

4. <u>数</u>目（shǔ/shù）　5. <u>数</u>数（shǔ/shù）　6. 手<u>头</u>（tou/tóur）

7. 留<u>下</u>（xiɑ/xià）　8. 八<u>点</u>（diǎn/diǎnr）　9. 有<u>点儿</u>（diǎn/diǎnr）

二、填写适当的量词:

Fill in the blanks with appropriate measure words:

　　　个、张、家、本、种

1. 我们公司附近有三（　　）银行。

2. 他拿着两（　　）护照。

3. 我要去银行开一（　　）账户。

4. 请客吃饭也是一（　　）文化。

5. 这是一（　　）旅行支票。

三、填写适当的补语:

Fill in the blanks with appropriate complements:

　　　完、下、到、成、好

1. 现在去来得及，商场营业（　　）晚上九点。

2. 这是五百英镑，我要兑换（　　）人民币。

3. 经理让我做的事我都做（　　）了。

4. 这是你的飞机票，请拿（　　）。

5. 我给他留（　　）了我的电话号码。

四、整理句子:

Rearrange the given words into a sentence:

1. 我、想、账户、在、开、一个、银行

2. 家、银行、这、的、信誉、不错

3. 他、取、今天、1500 美元、要

4. 停止、银行、营业、五点半

38

5. 接受、旅游、银行、支票、的、我们

五、用指定结构或词语改写句子：

Rewrite the following sentences with the given words or constructions:

1. 银行有活期存款和定期存款两种。(除了……之外)

2. 拿汇款通知单和有关证件就可以取款了。(只要……就……)

3. 从三月开始，中国银行的营业时间有变化。(有所……)

4. 我们想在北京、上海、广州选购一部分小型设备。(等)

5. 银行一般是五点半以前营业。(到)

六、思考题：

Questions for thinking:

1. 来中国谈生意的外国人为什么要在银行开立个人账户？

2. 银行办理哪几种业务？

第四单元　为友谊和合作干杯

关键词语：邀请　举行　出席　干杯　招待
提议　送行　接风　问候　祝

邀请或祝贺的表达方式

1. 今晚，总经理在前门烤鸭店举行晚宴，为您接风。这是请柬。

2. 我先敬您一杯，祝比尔先生身体健康、一切顺利！

3. 公司要举行一个大型的招待会，敬请光临。

4. 谢谢李总的盛情邀请。首先向您表示热烈的祝贺！

5. 祝贺贵公司成立二十周年。

6. 为了答谢贵公司的帮助，我们明晚想请李总经理共进晚餐。

7. 我也借这个机会祝贵公司兴旺发达。

8. 晚宴定在东来顺餐厅，请务必赏光。

9. 让我们举杯，祝我们今后的合作不断扩大！

10. 我提议，大家举杯，为我们的友谊和合作干杯！

会 话 1

（张华来到比尔住的饭店）

张华：您好，比尔先生。昨天休息得好吗？

比尔：很好，谢谢贵公司周到的安排。

张华：不客气。今晚，李总经理在前门烤鸭店举行晚宴，为您接风。这是请柬。

比尔：李总太客气了，谢谢他的盛情邀请。

张华：听说出席今晚宴会的还有其他几位朋友。

比尔：能认识更多的朋友我很高兴。

张华：晚六点我准时来接您，告辞了。

比尔：再见！

（宴会上）

李总：您好，比尔先生，欢迎光临。

比尔：感谢李总的邀请。

李总：别客气，这几位都是我的好朋友，请允许我介绍一下：这位是长城贸易公司的王经理。这位是刘先生，我们公司负责进出口业务的副总经理。这位是陈先生，我们公司财务部门的经理。这位您已经认识了，是总经理办公室的张主任。

比尔：认识各位十分荣幸，请多关照。

大家：认识您，我们也很高兴。

李总：大家入席吧。比尔先生喝点儿什么？尝尝中国的名酒五粮液吧？

比尔：五粮液度数太高了，来杯葡萄酒吧。

李总：好，我先敬您一杯，祝比尔先生身体健康、一切顺利！

比尔：我也祝李总和各位身体健康、生意兴隆！

李总：这里的烤鸭是北京有名的风味菜，比尔先生一定要多吃点儿。

比尔：谢谢，席上的菜都很好吃。

李总：您喜欢这些菜，我很高兴，再来点儿松鼠鳜鱼。

比尔：谢谢，太多了。

李总：我提议，大家举杯，为我们的友谊和合作干杯！

大家：为友谊干杯！

比尔：为我们的友好合作干杯！

生　词　New Words

1. 举行　　（动）　jǔxíng　　to hold (a meeting, banquet, etc.)
2. 晚宴　　（名）　wǎnyàn　　banquet; dinner party
3. 接风　　（动）　jiēfēng　　to give a dinner for a person or visitor who just arrived from afar
4. 请柬　　（名）　qǐngjiǎn　　invitation; invitation card
5. 盛情　　（名）　shèngqíng　　great kindness; boundless hospitality
6. 出席　　（动）　chūxí　　to attend
7. 其他　　（代）　qítā　　other
8. 准时　　（形）　zhǔnshí　　on time
9. 告辞　　（动）　gàocí　　to take leave
10. 允许　　（动）　yǔnxǔ　　to allow; to permit
11. 财务　　（名）　cáiwù　　finance; financial affairs
12. 十分　　（副）　shífēn　　very
13. 入席　　（离）　rù xí　　to take one's seat at a banquet
14. 名酒　　（名）　míngjiǔ　　famous brand of liquor
15. 五粮液　（名）　wǔliángyè　　Five-Grain Liquor
16. 度　　　（名/量）　dù　　degree
17. 葡萄酒　（名）　pútaojiǔ　　wine
18. 兴隆　　（形）　xīnglóng　　prosperous
19. 风味　　（名）　fēngwèi　　special flavor
20. 松鼠鳜鱼　　sōngshǔ guìyú　　name of a dish
21. 提议　　（动/名）　tíyì　　propose; proposal
22. 举　　　（动）　jǔ　　to raise
23. 干杯　　（离）　gān bēi　　to drink a toast

专　名　Proper Nouns

1. 张华　　　　Zhāng Huá　　　　name of a person
2. 比尔　　　　Bǐ'ěr　　　　Bill
3. 前门烤鸭店　Qiánmén Kǎoyādiàn　　Qianmen Roast Duck Restaurant
4. 长城贸易公司　Chángchéng Màoyì Gōngsī　　the Great Wall Trade Company

注　释　Notes

1. 其他

代词。指代一定范围以外的人或事情。如：

The pronoun 其他 refers to people or things outside a certain scope.

(1) 今天只谈一个小时，其他时间自己安排。

(2) 他是我的同学，我们没有其他关系。

2. 十分

副词。表示程度高，跟"非常"的意思相同。如：

This is an adverb meaning "very" to indicate a high degree.

(1) 能去长城看看，我十分高兴。

(2) 这是一个十分复杂的问题。

3. 来

动词。在口语中，"来"可以代替一些意义具体的动词。如：

The verb 来 can be used in spoken Chinese to substitute for verbs with definite meanings.

(1) 米饭真好吃，我再来一点儿。（吃一点儿）

(2) 你不能喝五粮液，来点儿葡萄酒吧。（喝一点儿）

(3) 今天的报纸很有意思，我也来一份。（买一份）

练　习　Exercises

一、根据《会话1》的内容，回答下列问题：

Answer the following questions according to Dialogue 1:

1. 李总经理为什么在前门烤鸭店举行晚宴？

2. 出席宴会的只有比尔吗？

3. 在宴会上总经理向比尔介绍了几位朋友？比尔是怎么回答的？

4. 比尔先生喜欢吃的北京的风味菜是什么？

5. 宴会上大家干杯时的祝酒词是什么？

二、选择下列词语填空：

Fill in the blanks with appropriate words given below：

举行、其他、准时、允许、十分

1. 晚六点我（　　　）来接您。
2. 认识大家我（　　　）荣幸。
3. 请（　　　）我介绍一下这五位先生。
4. 出席今晚宴会的还有（　　　）几位朋友。
5. 总经理在前门烤鸭店（　　　）晚宴。

三、填写适当的词语：

Fill in the blanks with appropriate words：

1. 盛情_____　　2. 出席_____　　3. _____兴隆
4. 举行_____　　5. 十分_____　　6. _____健康

会 话 2

（张华正给比尔打电话）

张华：是的，明天是我们公司成立二十周年，公司要举行一个大型的招待会，敬请光临。

比尔：谢谢，祝贺贵公司成立二十周年。能参加这样的活动，我非常荣幸。需要我做些什么吗？

张华：不用，您只要按时出席就行了，招待会在和平饭店的宴会厅举行，到时候我们派车来接您。

比尔：大概几点？

张华：时间定在六点半。考虑到那时正是北京交通的高峰期，早点儿出发吧，——五点半怎么样？

比尔：好，我一定提前做好准备。

（和平饭店宴会厅）

李总：比尔先生，您好！欢迎您出席我们今天的招待会。

比尔：谢谢李总的盛情邀请。首先向您表示热烈的祝贺！

李总：谢谢，请入席吧！

比尔：请！

李总：经过一周的协商，签订了合作协议，太让人高兴了。

比尔：这是我们双方共同努力的结果。

44

李总：今天的宴会一方面是庆祝公司成立20周年，一方面也是庆贺我们首次合作的成功。中国有句成语，叫——

比尔：双喜临门，对不对？

李总：对，让我们举杯，祝我们今后的合作不断扩大，前景越来越光明。

比尔：今天我也借这个机会祝贵公司兴旺发达，生意越做越好。

李总：比尔先生，这里的潮州菜很有名，请尝尝我国南方风味的龙虾和鲍鱼。

比尔：谢谢，中国菜的确有特点，色、香、味、形样样俱全，让人胃口大开。

李总：请多吃点，各种菜都尝尝。

比尔：好了，太多了。

李总：来，我提议为我们的友谊和合作干杯!

比尔：干杯!

生 词 New Words

1.	成立	（动）	chénglì	to set up
2.	大型	（形）	dàxíng	large-scale
3.	招待	（动）	zhāodài	to entertain
4.	按时	（副）	ànshí	on time
5.	交通	（名）	jiāotōng	traffic
6.	高峰	（名）	gāofēng	peak（hour）
7.	协商	（动）	xiéshāng	to negotiate
8.	签订	（动）	qiāndìng	to sign
9.	庆祝	（动）	qìngzhù	to celebrate
10.	庆贺	（动）	qìnghè	to celebrate
11.	成语	（名）	chéngyǔ	idiom
12.	双喜临门		shuāngxǐ línmén	A double happiness has descended upon the house.
13.	祝	（动）	zhù	to wish; to express good wishes
14.	扩大	（动）	kuòdà	to expand
15.	前景	（名）	qiánjǐng	prospect
16.	借	（动）	jiè	to take（the oppotunity）
17.	机会	（名）	jīhuì	opportunity
18.	兴旺发达		xīngwàng fādá	prosperous and flourishing
19.	特点	（名）	tèdiǎn	characteristic

20. 俱全	（形）	jùquán	complete in all respects
21. 胃口	（名）	wèikǒu	appetite
22. 龙虾	（名）	lóngxiā	lobster
23. 鲍鱼	（名）	bàoyú	abalone

专　名　Proper Nouns

潮州菜　　Cháozhōucài　　Chaozhou cuisine

注　释　Notes

1. 正

副词。用在动词或短语前，加强肯定的语气。如：

This is an adverb used before verbs or phrases to stress an affirmative tone.

（1）七、八月正是游泳的季节。

（2）现在正是吃饭时间，打电话也没人接。

（3）他正是我要找的那位先生。

2. 越来越……

表示程度随时间变化而增加，作状语。如：

As an adverbial adjunct, 越来越…… means the degree continues to grow higher as time goes on.

（1）他身体越来越好了。

（2）他越来越喜欢看电影了。

（3）他年纪大了，走路越来越不方便了。

3. 越……越……

紧缩复句。"越 A 越 B"，表示在程度上 B 随 A 的增加而增加。如：

越 A 越 B in the contracted compound sentence indicates the degree of B continues to grow higher as the action A continues.

（1）我们越谈越高兴。

（2）他越走越快。

（3）衣服越洗越旧。

（4）风越刮越大。

4. 一方面……，一方面……

并列复句。连接相关的两种事物或同一事物的两个侧面。也说"一方面……，另一方面……"。后一分句中常有"还、又、也"与之呼应。如：

一方面……，一方面…… lists two related things or two aspects of the same thing. It occurs in compound-complex sentences in which there often occurs 还，又 or 也 in the second clause. We can also say 一方面……，另一方面…… instead.

(1) 这次来北京，一方面谈生意，一方面还要看看老朋友。

(2) 明天去王府井，一方面可以买些礼品，另一方面也可以了解一下北京的市场情况。

练 习 Exercises

一、根据《会话2》的内容，回答下列问题：

Answer the following questions according to Dialogue 2：

1. 中方为什么要举行招待会?

2. 比尔先生参加吗? 他怎么去?

3. 经过一周的协商，结果怎么样?

4. 在宴会上李总和比尔说"双喜临门"，他们的意思是什么?

5. 中国菜有什么特点?

二、选择下列词语填空：

Fill in the blanks with appropriate words given below：

按时、光临、祝贺、的确、提议

1. 我（ ），为我们的友谊和合作干杯!

2. 您只要（ ）出席就行了。

3. 中国菜（ ）有特点。

4. 首先向您表示热烈的（ ）。

5. 公司举行一个大型招待会，敬请（ ）。

三、填写适当的词语：

Fill in the blanks with appropriate words：

1. _____准备　　2. _____成功　　3. 举行_____

4. _____努力　　5. _____宴会　　6. 热情_____

会 话 3

(张华送比尔离开公司的会客厅)

比尔：张主任，这次来北京受到贵公司的热情接待，我们非常感谢。

张华：哪里，我们照顾得还很不够，有不周到的地方，还请多原谅。

比尔：不客气。为了答谢贵公司的帮助，我们明晚想请李总经理和您共进晚餐。

张华：您太客气了，我代表李总感谢您的邀请。

比尔：晚宴定在东来顺餐厅，请务必赏光。

张华：好吧。恭敬不如从命，就按您的安排办吧。

比尔：一言为定，明晚七点东来顺餐厅见。

(东来顺餐厅)

比尔：李总您好，欢迎光临！

李总：谢谢您的邀请。

比尔：请入座吧！

李总：比尔先生，这些天对北京的生活还习惯吧？

比尔：这两个星期过得十分愉快，生活也很习惯。每天早饭吃西餐，午饭和晚饭我都是吃中餐。

李总：那您会用筷子吗？

比尔：已经学会了。

李总：是吗？您来北京除了谈生意还学会了用筷子，真是一举两得，收获不小啊！

比尔：哪里哪里，现在我提议大家举杯，为朋友们的健康，为我们成功的合作干杯！

李总：好，为我们的友谊干杯！

比尔：时间过得真快，来北京已经十几天了，明天我们要去上海看看，然后从那里回国。

李总：几点的飞机？我要去机场为您送行。还有什么需要我们帮忙办的事情吗？

比尔：谢谢，我们已经准备得差不多了，今天主要是借吃饭的机会向李总表达我们的谢意。

李总：别客气，我们这次合作只是一个开始，以后的合作前景还大得很呢。

比尔：那是，好的开始预示着更大的成功。

李总：就要分别了，真有点儿舍不得。这是一套茶具、两盒龙井，表示我们的一点儿心意吧。

比尔：谢谢，李总的盛情真让我感动。中国是茶的故乡，这套茶具造型这么
　　　美，我非常喜欢。

李总：要是您还满意，那我就太高兴了。

比尔：回国后，我一看到这精美的茶具，就会想到我们愉快的合作。来，光
　　　顾说话了，请喝酒吃菜。

生　词　New Words

1. 恭敬	（形）	gōngjìng	respectful
2. 从命	（动）	cóngmìng	to comply with sb.'s wish
3. 务必	（副）	wùbì	must; be sure to
4. 赏光	（离）	shǎng guāng	to request the pleasure of one's presence
5. 一言为定		yì yán wéi dìng	That's settled then.
6. 西餐	（名）	xīcān	Western food
7. 筷子	（名）	kuàizi	chopsticks
8. 一举两得		yì jǔ liǎng dé	to kill two birds with one stone
9. 收获	（动/名）	shōuhuò	to gain; gains
10. 送行	（动）	sòngxíng	to see off
11. 需要	（动）	xūyào	to need
12. 表达	（动）	biǎodá	to express
13. 预示	（动）	yùshì	to presage
14. 舍不得	（动）	shěbude	to hate to part with
15. 茶具	（名）	chájù	tea set
16. 心意	（名）	xīnyì	regard; kindly feelings
17. 龙井	（名）	lóngjǐng	a famous green tea produced in Hangzhou
18. 感动	（动）	gǎndòng	to feel moved
19. 故乡	（名）	gùxiāng	hometown
20. 造型	（名）	zàoxíng	shape
21. 精美	（形）	jīngměi	exquisite
22. 光	（副）	guāng	only
23. 顾	（动）	gù	to attend to

专 名 Proper Nouns

东来顺餐厅　　Dōngláishùn Cāntīng　　name of a restaurant

注 释 Notes

1. 不如

动词。用于比较，表示前者没有后者好的意思。如：

The verb 不如 indicates comparison. It means the former is not as good as the latter.

（1）这件衣服的颜色不如那件。

（2）我汉语说得不如他。

2. 很

副词。"很"作程度补语，在"得"后，表示程度高。如：

This is an adverb used after 得 as a complement of degree to express a high degree.

（1）那个地方美得很。

（2）他今天高兴得很。

3. 还

副词。用来修饰褒义形容词时，有降低其程度的作用，表示勉强过得去的意思。如：

The adverb 还 modifying commendatory adjectives means "so-so" or "passable" by lowering their degree.

（1）我身体还不错。

（2）这儿的东西还比较便宜。

（3）我的生意还可以。

4. 恭敬不如从命

俗语。意思是"客人恭敬谦让，不如服从主人的安排"。这是寒暄、交谈时的客套话。如：

This common saying, a polite remark in talking or greeting, means "Obedience is better than politeness."

50

（1）恭敬不如从命，就按你说的办吧。

（2）谢谢您的邀请，恭敬不如从命，明天我们一定来。

练 习　Exercises

一、根据《会话3》的内容，回答下列问题：

Answer the following questions according to Dialogue 3：

1. 比尔先生为什么请李总和张主任共进晚餐？

2. 晚宴在哪儿举行？

3. 比尔先生这次在北京大概多少天？

4. 通过接触，双方对今后的合作前景怎么看？

5. 好的开始预示着什么？

二、选择下列词语填空：

Fill in the blanks with appropriate words given below：

　　一举两得、务必、心意、故乡、恭敬

1. 中国有句俗语：（　　）不如从命。

2. 这次来北京除了谈生意，还学会了用筷子，真是（　　）。

3. 今天的会议很重要，请您（　　）参加。

4. 中国是茶叶的（　　）。

5. 一套茶具、两盒茶叶表示我们的一点（　　）。

三、填写适当的词语：

Fill in the blanks with appropriate words：

1. _____晚餐　　2. _____心意　　3. 一举_____

4. _____赏光　　5. _____前景　　6. 一言_____

╔══════════════════════════════════╗
║　综合练习　Comprehensive Exercises　║
╚══════════════════════════════════╝

一、选择画横线字的正确读音：

Choose the right phonetic transcription of the underlined part：

1. 地方（dì/de）　　2. 事情（qíng/qing）　　3. 学生（sheng/shēng）

4. 机会 (kuài/huì)　　5. 度数 (shu/shù)　　6. 漂亮 (liang/liàng)

7. 筷子 (zi/zǐ)　　8. 送行 (xíng/háng)　　9. 尝尝 (cháng/chang)

二、填写适当的量词：

Fill in the blanks with appropriate measure words:

　　张、双、个、套、句

1. 我们下星期跟他们一起去香港吧，这是一（　　）好机会。

2. 经理送给客人的礼物是一（　　）茶具。

3. 这（　　）飞机票是大卫预订的。

4. 他刚才说的那一（　　）话我没听懂。

5. 昨天我给弟弟买了一（　　）皮鞋。

三、填写适当的补语：

Fill in the blanks with appropriate complements:

　　一下儿、住、在、好、会

1. 他回国的日期定（　　）七月十五号。

2. 我相信这件事他一定能做（　　）。

3. 张先生的电话号码你记（　　）了吗？

4. 游泳不难，一个夏天就能学（　　）。

5. 这是新疆的哈密瓜，大家别客气，都来尝（　　）。

四、整理句子：

Rearrange the given words into a sentence:

1. 参加、能、的、这样、活动、我、荣幸、非常

2. 这、我们、是、双方、结果、共同、努力、的

3. 到时候、接、您、我、派、车、来

4. 开始、预示、好的、着、成功、更大、的

5. 这、月、一个、过、我、得、愉快、十分

五、用指定结构或词语改写句子：

Rewrite the following sentences with the given words or constructions:

1. 我谈了生意，也学会了用筷子。（除了……以外）

2. 我代表李总和其他几位同事感谢您的邀请。（与）

3. 今后的合作前景非常非常大。（很）

4. 今天的宴会一是庆祝公司成立二十周年，二是庆贺我们首次合作的成功。（一方面……一方面……）

5. 五六点钟是下班时间，坐车很挤。（正）

六、思考题：

Questions for thinking:

1. 中国菜有哪些特点？

2. 你知道中国有哪些名酒吗？

第五单元 百闻不如一见

关键词语：参观 样品 质量 先进 贸易
产品 开发 印象 环境 展销

称赞的表达方式

1. 贵厂的生产和质量管理给我留下了很好的印象。

2. 粮油食品陈列馆到了，展品好丰富呀！

3. 就连包装也那么精美。

4. 怪不得气味这么清香，我得选购几种带回去，请朋友尝尝。

5. 真漂亮！花样多，品种全，中国确实是一个纺织品大国。

6. 来到这里，真好像走进了艺术的宫殿。

7. 这里的每一件展品都让人爱不释手。

8. 这个展销会办得太精彩了！

9. 规模还真不小。

10. 这儿的空气很好，也很安静。

会 话 1

(国华纺织厂厂长刘京在会客厅门口迎候约翰先生)

刘京：约翰先生，欢迎您来我厂参观。

约翰：谢谢，能有机会来贵厂参观，我们感到很高兴。

刘京：请先在会客厅休息一下，顺便看看样品陈列室，然后，我们边参观边介绍。约翰先生有什么问题，可以随时问。

约翰：谢谢。我们这次来，一方面想看看贵厂的产品，另一方面主要想了解一下贵厂的生产和质量管理情况。

刘京：我们也希望朋友们能来我厂亲眼看看，增进了解，加强合作。

约翰：贵厂主要生产哪些产品？

刘京：我厂主要生产纯毛、纯棉和化纤织品，有几十个品种。

约翰：产品以出口为主还是以国内市场为主？

刘京：60％的产品出口，国内市场也占有相当大的份额。

约翰：工厂真不小，有多少职工？

刘京：全厂五千多人。

约翰：机器设备怎么样？

刘京：近五年来，我们从国外引进了好几条先进的生产线，效率有了很大的提高。

约翰：纯棉、纯毛织品是我们公司经销的主要产品。请问贵厂能按欧洲、美洲各国要求的标准生产吗？

刘京：没问题。事实上，我们的产品已经向一些欧洲国家出口了。

约翰：我们公司对经销产品的质量要求很高，刘厂长，请介绍一下贵厂在质量管理方面的情况。

刘京：在管理方面，我们非常重视产品的质量，实行了全面的质量管理，每一道工序都有专职检验员，最后还有成品检验。请，我们到车间参观一下吧。

(走出车间)

约翰：真是百闻不如一见哪。贵厂的生产和质量管理给我留下了很好的印象。请问，贵厂有产品说明书吗？

刘京：有，这就是我们厂的产品介绍，中英文对照，希望您多向客户推荐。

约翰：好的，希望今后我们之间多联系。

生　词　New Words

1. 参观　　（动）　cānguān　　to visit; to look around
2. 样品　　（名）　yàngpǐn　　sample
3. 随时　　（副）　suíshí　　at any time
4. 管理　　（动）　guǎnlǐ　　to manage
5. 产品　　（名）　chǎnpǐn　　product
6. 亲眼　　（副）　qīnyǎn　　with one's own eyes
7. 纯　　（形）　chún　　pure
8. 毛　　（名）　máo　　wool
9. 棉　　（名）　mián　　cotton
10. 化纤　　（名）　huàxiān　　chemical fibre
11. 品种　　（名）　pǐnzhǒng　　variety
12. 相当　　（副/形）　xiāngdāng　　quite; suitable
13. 份额　　（名）　fèn'é　　share; portion
14. 机器　　（名）　jīqì　　machine
15. 引进　　（动）　yǐnjìn　　to introduce
16. 先进　　（形）　xiānjìn　　advanced
17. 生产线　　（名）　shēngchǎnxiàn　　production line
18. 效率　　（名）　xiàolǜ　　efficiency
19. 经销　　（动）　jīngxiāo　　to distribute; to sell
20. 道　　（量）　dào　　*a meaure word for procedure*
21. 工序　　（名）　gōngxù　　procedure
22. 专职　　（名）　zhuānzhí　　sole duty; specific duty
23. 检验　　（动）　jiǎnyàn　　to check; to inspect
24. 车间　　（名）　chējiān　　plant; workshop
25. 印象　　（名）　yìnxiàng　　impression
26. 对照　　（动）　duìzhào　　to contrast; to compare; (meaning bilingual in the text)
27. 推荐　　（动）　tuījiàn　　to recommend

专 名 Proper Nouns

1. 国华纺织厂　　Guóhuá Fǎngzhīchǎng　Guohua Texile Factory
2. 刘京　　　　　Liú Jīng　　　　　　name of a person

注 释 Notes

1. 边……边……

固定结构。表示两种以上的动作行为同时进行。与"一边……一边……"的用法基本相同。但前者多修饰单音动词，只用于同一主语，而后者没有限制，可用于不同主语。如：

The construction 边……边…… indicates that two or more actions go on at the same time. Its usage is similar to that of 一边……一边…… except that the former usually occurs with monosyllabic verbs and the actions are initiated by the same subject while the latter can be applied to different subjects.

(1) 他们边走边说，高兴极了。

(2) 谈生意的时候，他边听边记。

(3) 谈生意的时候，他一边说，我一边记。

2. 亲眼

副词。是"用自己的眼睛（看）"的意思，带有一定的强调成分。如：

The adverb 亲眼 means "(see) with one's own eyes" and carries an emphatic tone.

(1) 我要亲眼看看北京的变化。

(2) 我还没亲眼看过长城呢。

(3) 他亲眼看到了昨天发生的那次交通事故。

3. 以……为……

固定格式。相当于"把……作为……"或"认为……是……"。如：

This construction is tantamount to "take. . . as" or "consider. . . as".

(1) 他学习汉语以自学为主。

(2) 我要以他为老师。

(3) 北京一年有四个季节，以秋天为最美。

4．相当

副词。表示达到了一定的程度（往高里说，但不是很高）。多修饰形容词。如：

The adverb 相当, mostly modifying adjectives, indicates something has reached a certain degree (a high degree, but not very high).

（1）节假日去旅游，火车上相当拥挤。

（2）这次考试内容相当难。

5．……来

方位词。用在表示时间段落的词语后边，指从过去某时直到说话时为止的一段时间。如：

The word of location 来 following words or phrases that express a period of time refers to a period of time from a time in the past till the time of speaking.

（1）几天来，他一直忙着找经理谈生意。

（2）近三年来，他们工厂的生产有了很大的提高。

练　习　Exercises

一、根据《会话1》的内容，回答下列问题：

Answer the following questions according to Dialogue 1：

1．约翰先生这次来的目的是什么？

2．参观的工厂主要生产什么？

3．产品以什么为主？

4．厂方对产品的质量实行什么样的管理？

5．什么是全面管理？

二、选择下列词语填空：

Fill in the blanks with appropriate words given below：

随时、亲眼、相当、同时、引进

1．去年，他们厂从国外（　　）了几条生产线。

2．这种产品在国内市场也占有（　　）大的份额。

3．来中国两三次了，还没（　　）看看长城呢。

4．跟他们有生意关系的客户今天（　　）来到北京。

5．参观的时候有什么问题可以（　　）问。

58

三、填写适当的词语：

Fill in the blanks with appropriate words:

1. 提高＿＿＿＿＿＿　　2. ＿＿＿＿＿＿品种　　3. ＿＿＿＿＿＿管理

4. 专职＿＿＿＿＿＿　　5. ＿＿＿＿＿＿市场　　6. ＿＿＿＿＿＿检验

会 话 2

（王林陪杰瑞来到全国土特产品展销会，受到销售部经理陈冬的接待）

陈冬：杰瑞先生，欢迎您来参观。

杰瑞：谢谢总经理的邀请，我感到十分荣幸。

陈冬：相信您通过参观可以结识更多的厂家，选择更合适的贸易伙伴。

杰瑞：听说这次展销会规模大，展出的商品种类齐全，想买什么就能买到什么，实在是太好了。

陈冬：下面请王林先生陪您去各厅看看，我还有别的事，就不能陪您了，请原谅。

杰瑞：谢谢陈经理的关照。您忙吧，再见！

王林：杰瑞先生，这次展销会，不知您感兴趣的是哪些商品？

杰瑞：我最感兴趣的是纺织品、食品和工艺美术品。

王林：那好，我们每个陈列馆都走一走，遇到您感兴趣的产品就多停留一会儿，仔细看看，怎么样？

杰瑞：很好。瞧，粮油食品陈列馆到了，展品好丰富啊！

王林：这儿的糖果、糕点、食品罐头质量都不错。

杰瑞：就连包装也那么精美。

王林：这儿还有产自江浙、福建的各种名茶。

杰瑞：怪不得气味这么清香，我得选购几种带回去，请朋友尝尝。

……

王林：杰瑞先生，这儿是棉麻、丝绸纺织品陈列馆。

杰瑞：真漂亮！花样多，品种全，中国确实是一个纺织品大国。

……

王林：杰瑞先生，二楼是美术工艺品陈列馆，我们上去吧？

杰瑞：来到这里，真好像走进了艺术的宫殿。

王林：这是景德镇的瓷器和艺术陶瓷。

杰瑞：啊，每一件展品都让人爱不释手。

……

王林：杰瑞先生，展销会展出的，很多都是近几年生产的名优特产品。

杰瑞：太精彩了，我准备再安排一个时间，来了解一下生产丝绸和羊绒产品的厂家。

王林：那好，我们再约一个时间吧。

生　词　New Words

1. 土特产 （名） tǔtèchǎn native produce
2. 展销 （动） zhǎnxiāo to exhibit and sell
3. 销售 （动） xiāoshòu to sell
4. 相信 （动） xiāngxìn to believe
5. 通过 （介/动） tōngguò through; pass
6. 结识 （动） jiéshí to get to know
7. 选择 （动/名） xuǎnzé to select; to choose
8. 贸易 （名） màoyì trade
9. 展出 （动） zhǎnchū to exhibit
10. 种类 （名） zhǒnglèi type
11. 齐全 （形） qíquán complete
12. 食品 （名） shípǐn food
13. 停留 （动） tíngliú to stay for a time; to stop
14. 粮 （名） liáng cereal; grain
15. 油 （名） yóu oil
16. 糖果 （名） tángguǒ candy
17. 糕点 （名） gāodiǎn cake; pastry
18. 罐头 （名） guàntou can
19. 包装 （动/名） bāozhuāng to pack; package
20. 怪不得 （副） guàibude no wonder
21. 清香 （形） qīngxiāng refreshingly fragrant
22. 麻 （名） má hemp
23. 花样 （名） huāyàng pattern; design
24. 宫殿 （名） gōngdiàn palace
25. 陶瓷 （名） táocí pottery and porcelain
26. 爱不释手 ài bú shì shǒu to fondle admiringly and reluctant to put down

27. 名	（形）	míng	famous
28. 优	（形）	yōu	good；excellent

专 名　Proper Nouns

1. 王林	Wáng Lín	name of a person
2. 杰瑞	Jiéruì	Jerry
3. 陈冬	Chén Dōng	name of a person
4. 江浙	Jiāng Zhè	Jiangsu Province and Zhejiang Province in China
5. 福建	Fújiàn	a province in South China
6. 景德镇	Jǐngdézhèn	a city in Jiangxi Province

注　释　Notes

1. 通过

介词。引进动作的媒介或手段。可用在主语前，有停顿。如：

The preposition 通过 introduces means or medium of an action. It can be used with a pause before the subject.

(1) 通过朋友的介绍，我认识了李经理。

(2) 通过学习，他的汉语水平有了很大的提高。

2. 什么

疑问代词。表示任指。两个"什么"前后照应，前者决定后者。如：

The pronoun 什么 can be used to refer to anything indefinite. As for the two 什么 here, reference of the latter is dependent upon that of the former.

(1) 明天星期六，你想去什么地方我就陪你去什么地方。

(2) 那家饭馆里，北方的风味菜品种多极了，想吃什么有什么。

3. 好

副词。表示程度深。多含感叹语气，句尾常带"啊"。如：

Here 好 is an adverb expressing a high degree. It usually carries an exclamatory tone and 啊 often occurs at the end of the sentence.

(1) 这件礼物我好喜欢啊。

(2) 香山好高啊。

4. 几

疑问代词。表示概数。后面要有量词。如:

Here the interrogative pronoun 几 followed by a measure word expresses an approximate number.

(1) 咱们几个人一起去。

(2) 我们已经跟几家公司签了合同了。

5. 二楼

"二楼"的意思有两个:"二号楼"和"二层楼"。在这里的意思是后者。如:

二楼 has two meanings: one is No. 2 Building and the other the second floor. Here it means the latter.

(1) 我家就住在前面的二楼。(二号楼)

(2) 商场的二楼经营服装。(二层楼)

练 习 Exercises

一、根据《会话2》的内容,回答下列问题:

Answer the following questions according to Dialogue 2:

1. 在展销会上约翰先生对什么最感兴趣?

2. 为什么约翰说"中国是一个纺织品大国"?

3. 工艺美术品陈列馆在几楼?

4. 什么展品让约翰先生爱不释手?

5. 这个展销会办得怎么样?

二、选择下列词语填空:

Fill in the blanks with appropriate words given below:

参观、包装、兴趣、产品、艺术

1. 体育运动中,我对游泳最感 ( )。

2. 这里陈列的展品有相当一部分是名、优、特 ( )。

3. 景德镇的瓷器和 ( ) 陶瓷我都很喜欢。

4. ( ) 展销会是今天日程安排里的主要内容。

5. 这儿的糖果、糕点质量很不错,( ) 也很漂亮。

三、填写适当的词语：

Fill in the blanks with appropriate words:

1. 工艺_____ 2. 展品_____ 3. _____清香

4. 种类_____ 5. 包装_____ 6. _____兴趣

会 话 3

（王林和乔治从和平饭店上车，去京北工业科技开发区参观）

王林：根据您的要求，今天我们去参观京北工业科技开发区。

乔治：谢谢，这个开发区离市区远吗？

王林：不太远，在京北十二公里处，坐车二十分钟就到了。

乔治：京北工业科技开发区是什么时候开始兴建的？

王林：五年前开始规划的。好，我们到了。

（下车后，两个人边走边谈）

乔治：王先生，开发区面积有多大？

王林：规划占地十一二平方公里，目前已完成了供水、供电、供暖、道路、
　　　通讯等基础设施的建设。

乔治：规模还真不小。政府对开发区的态度怎样？

王林：政府对开发区的态度是大力支持。实行了一系列优惠政策，吸引外资，
　　　引进先进的生产和管理技术。

乔治：这对开发区的发展太有利了。

王林：开发区计划总投资近百亿元，规划建筑面积五百多万平方米，打算引
　　　进企业上百家，经过五至十年的努力，建成年产值六百至七百亿元的
　　　高新技术产业基地。

乔治：真了不起，现在开始有企业进入了吗？

王林：已经有近三十家企业入区，生产保障和服务体系日趋完善。

乔治：太好了，这儿环境优美，空气清新，真是一个好地方。

王林：所以，开发区除了大力引进以电子、生物技术产品为主的企业外，还
　　　很重视房地产和旅游、餐饮业的开发。

乔治：这个设想很好。可是，这里并没有什么名胜古迹呀！

王林：您看，这四周的果树环抱着开发区，而这儿的地理位置更是优越：往
　　　北有温泉、十三陵，往东十七公里就是北京国际机场，多方便啊！

乔治：听了您的介绍，我觉得这里的发展前景的确很好。

生 词　New Words

1. 开发　　（动）　　kāifā　　　　to develop
2. 科技　　（名）　　kējì　　　　science and technology
3. 兴建　　（动）　　xīngjiàn　　to build; to construct
4. 规划　　（名/动）　guīhuà　　　planning; to plan
5. 面积　　（名）　　miànjī　　　area
6. 供　　　（动）　　gōng　　　　to provide; to supply
7. 暖(气)　（名）　　nuǎn(qì)　　heating
8. 设施　　（名）　　shèshī　　　facilities
9. 投资　　（离）　　tóu zī　　　to invest; investment
10. 亿　　　（数）　　yì　　　　　hundred million
11. 建筑　　（名/动）　jiànzhù　　construction; to construct
12. 企业　　（名）　　qǐyè　　　　enterprise
13. 产值　　（名）　　chǎnzhí　　output value
14. 产业　　（名）　　chǎnyè　　　industry
15. 基地　　（名）　　jīdì　　　　base
16. 初　　　（形/头）　chū　　　　first; beginning
17. 保障　　（动/名）　bǎozhàng　　to guarantee; guarantee
18. 体系　　（名）　　tǐxì　　　　system
19. 日趋　　（副）　　rìqū　　　　with each passing day; gradually
20. 完善　　（形/动）　wánshàn　　perfect; to improve and perfect
21. 政府　　（名）　　zhèngfǔ　　government
22. 一系列　（形）　　yíxìliè　　a series of
23. 优惠　　（形）　　yōuhuì　　　preferential
24. 政策　　（名）　　zhèngcè　　policy
25. 吸引　　（动）　　xīyǐn　　　to attract
26. 外资　　（名）　　wàizī　　　foreign investment
27. 电子　　（名）　　diànzǐ　　　electronics
28. 生物　　（名）　　shēngwù　　biology
29. 房地产　（名）　　fángdìchǎn　real estate
30. 餐饮　　（名）　　cānyǐn　　　food and drink
31. 设想　　（动/名）　shèxiǎng　　imagine; tentative plan, tentative ideas

64

32. 四周	（名）	sìzhōu	all around
33. 环抱	（动）	huánbào	to surround
34. 地理	（名）	dìlǐ	geography
35. 位置	（名）	wèizhì	location
36. 优越	（形）	yōuyuè	superior
37. 温泉	（名）	wēnquán	hot spring

专 名 Proper Nouns

1. 乔治	Qiáozhì	George
2. 京北工业 科技开发区	Jīngběi Gōngyè Kējì Kāifāqū	Jingbei Industrial and Techological Development Zone

注 释 Notes

1. 上百家

概数。"上"只能位于"百、千、万、百万、千万"等数词前，表示数量多，有"达到"或"超过"的意思。如：

This is an approximate number. 上，which can only be placed before numerals such as 百，千，万，百万 and 千万 to show a great amount, carries the meaning "up to" or " exceed".

(1) 他走了上百里路还不觉得累。

(2) 他们公司有上千名职员。

2. 亿

数词。意思是"一万万"。如：

This is a numeral meaning "100 million".

十亿	亿	千万	百万	十万	万	千	百	十	个
1	2	5	0	0	0	0	0	0	0

(1) 中国的人口有十三亿。

(2) 现在全世界的人口已经达到六十亿。

3. 而

连词。承接上文话题，进一步展开。连接后一分句，前后两部分有承接、递进和互相补充的关系。如：

The conjunction 而 may be used in the second clause of a complex sentence to continue and develop the preceding topic. In addition, it can complement what is said in the first part.

(1) 他会开汽车，而公司现在需要一名司机，所以，他应该去试试。

(2) 他买到了去广州的飞机票，而这张机票是最后一张。

4. 有

动词。表示存在。句首限于用处所词语或时间词语。"有"后面为存在的主体，否定式为"没有"或"没"。如：

The verb 有 may express existence. In such sentences of existence, only words/phrases of locality or time can appear at the beginning. The element following 有 denotes the thing that exists. The negative form is 没有 or 没.

(1) 天气预报说今天有雨。

(2) 北京饭店西边有一个邮局。

练 习 Exercises

一、根据《会话3》的内容，回答下列问题：

Answer the following questions according to Dialogue 3：

1. 工业科技开发区的位置在哪儿？

2. 京北工业科技开发区是什么时候开始兴建的？

3. 开发区规划投资多少？

4. 现在有多少企业入区？

5. 政府对开发区的态度怎样？

二、选择下列词语填空：

Fill in the blanks with appropriate words given below：

完成、实行、重视、吸引、建成

1. 政府对开发区（　　　）了一系列优惠政策。

2. 开发区也很（　　　）房地产和旅游业的开发。

3. 经过5至10年的努力，（　　　）年产值近二百亿元的高科技产业基地。

4. 开发区规模大，发展前景好就能（　　　）外资。

5. 目前已经（　　　）了基础设施的建设。

三、填写适当的词语：

Fill in the blanks with appropriate words：

1. _____完善　　2. _____面积　　3. _____前景

4. _____政策　　5. _____设施　　6. _____基地

综合练习　Comprehensive Exercises

一、选择画横线字的正确读音：

Choose the right phonetic transcription of the underlined part：

1. 的确（de/dí）　　2. 了不起（le/liǎo）　　3. 糕点（diǎn/dian）

4. 面积（jī/ji）　　5. 娱乐（lè/yuè）　　6. 古迹（jī/jì）

7. 态度（du/dù）　　8. 罐头（tóu/tou）　　9. 兴建（xīng/xìng）

二、填写适当的量词：

Fill in the blanks with appropriate measure words：

　　号、个、件、家、道

1. 展览会上的每一（　　　）展品，都很漂亮。

2. 生产这种产品，要经过好几（　　　）工序。

3. 北京有三（　　　）经济开发区。

4. 现在已有三十多（　　　）企业进驻开发区。

5. 我们住在四（　　　）楼。

三、填写适当的补语：

Fill in the blanks with appropriate complements：

　　见、好、入、成、在

1. 火车已经进（　　　）北京站了。

2. 北京图书馆是去年建（　　　）的。

3. 昨天，我在王府井遇（　　　）了老朋友约翰。

4. 汽车没停（　　　）公司门口。

5. 双方的合作协议签（　　　）了。

四、整理句子：

Rearrange the given words into a sentence:

1. 产品、向、欧洲、国家、一些、我们、的、出口、了、已经
2. 我、感、兴趣、最、对、工艺美术品
3. 这儿、展品、的、都、不错、质量、包装
4. 开发区、150万、建筑、平方米、面积、规划
5. 北京、机场、国际、离、开发区、只、17公里、有

五、用指定结构或词语改写句子：

Rewrite the following sentences with the given words or constructions:

1. 开发区大力发展电子、生物产业，同时也很重视房地产业的开发。（除了……以外）
2. 目前开发区的主要政策是吸引外资。（以……为主）
3. 粮油食品陈列馆的展品多么丰富啊。（好）
4. 二楼是工艺美术品陈列馆。（层）
5. 这种产品在国内市场也占有很大的份额。（相当）

六、思考题：

Questions for thinking:

1. 中国政府对开发区都实行了哪些优惠政策？
2. 在开发区内，优先发展哪些企业？

第六单元　精神快餐

关键词语：广告　登/做　占有　效果　传播
　　　　　收视　发行　增长　幅度　优惠

赞成的表达方式

1. 对，我完全同意。

2. 可不是，节目和节目之间有广告，一个电影中间有时也播一段广告。

3. 说得对。欧美国家在这方面做得比我们棒。

4. 是的，随着电视节目收视率的提高，电视广告的影响越来越大。

5. 这倒是。白天上班，忙工作上的事情，没有时间看电视。

6. 的确是这样。

7. 我也有同感，现在人们对报纸的需要就跟对快餐的需要一样。

8. 这的确是个好主意。

9. 说得对，一般情况下肯定是这样。

10. 真是这样。要说广播广告是这精神快餐里的一道菜，一点也不过分！

会 话 1

（咖啡厅里，刘健和亨利边喝咖啡边聊天）

亨利：刚才电视里的小孩儿多可爱呀！

刘健：是啊，一说起那个又白又胖的娃娃，就会想到蓝天白云下面的牛群，想到童乐牌奶粉。

亨利：这就是广告的魅力。

刘健：可见，为了促进销售，首先要宣传产品，提高产品的知名度。

亨利：对，我完全同意。一种产品要是没有一定的知名度，就无法占有市场。

刘健：一些公司常常参加博览会、展销会，就是为了宣传自己的产品。

亨利：这是个好办法。不过，这种机会很有限，不如做广告效果好。

刘健：说得对。欧美国家在这方面做得比我们棒。

亨利：说起广告来，真是种类繁多，如：报纸、杂志、电视、广播等，都是做广告的好形式。

刘健：是啊，去首都机场的路旁就可以看到"车到山前必有路，有路必有丰田车"的广告牌。

亨利：随着电视的发展，电视广告越来越受到人们的关注。近几年来，电视广告在各类广告中上升的幅度最大。

刘健：可不是，节目和节目之间有广告，一个电影中间有时也播一段广告。

亨利：有些商家更聪明，在一个电视栏目的开头就播出自己经营的产品，这样的效果肯定更好。

刘健：是的，随着电视节目收视率的提高，电视广告的影响越来越大。

亨利：刘先生，在中国，电视广告播出费是怎么定的？

刘健：据我了解，是由播出的时间来决定的。

亨利：这是对的，能讲得具体点儿吗？

刘健：一般地讲，晚间的播出费用比白天的高，周末、节假日的播出费用比平时高。

亨利：这样也是合理的。要是制作广告呢？

刘健：那要根据广告制作所需要的费用来定。

亨利：这样也是比较合适的。刘先生，电视广告我们肯定要做，有些具体问题还要请你多帮忙。

刘健：没问题，我一定尽力而为。

生 词 New Words

1. 娃娃　　　　（名）　　　wáwa　　　　　baby
2. 奶粉　　　　（名）　　　nǎifěn　　　　milk powder
3. 广告　　　　（名）　　　guǎnggào　　　advertisement
4. 魅力　　　　（名）　　　mèilì　　　　　charm
5. 促进　　　　（动）　　　cùjìn　　　　　to promote
6. 宣传　　　（动/名）　　xuānchuán　　　to give publicity to; publicity
7. 知名度　　　（名）　　　zhīmíngdù　　　notability
8. 无法　　　　（动）　　　wúfǎ　　　　　cannot
9. 占有　　　　（动）　　　zhànyǒu　　　　to occupy; to have
10. 效果　　　　（名）　　　xiàoguǒ　　　　result
11. 繁多　　　　（形）　　　fánduō　　　　of all kinds; various
12. 形式　　　　（名）　　　xíngshì　　　　form
13. 必　　　　　（副）　　　bì　　　　　　certainly; surely
14. 随着　　　　（介）　　　suízhe　　　　along with; in pace with
15. 上升　　　　（动）　　　shàngshēng　　to rise
16. 幅度　　　　（名）　　　fúdù　　　　　extent; range
17. 栏目　　　　（名）　　　lánmù　　　　　program; column
18. 开头　　　　（名）　　　kāitóu　　　　beginning
19. 肯定　　　（动/形）　　kěndìng　　　　certainly; definitely
20. 收视　　　　（动）　　　shōushì　　　　to watch（TV）
21. 影响　　　（动/名）　　yǐngxiǎng　　　to influence; influence
22. ……费　　　（名）　　　fèi　　　　　　fee; charge
23. 规律　　　　（名）　　　guīlǜ　　　　　rule; law
24. 合理　　　　（形）　　　hélǐ　　　　　rational; reasonable

专 名 Proper Nouns

1. 刘健　　　　　　　　　Liú Jiàn　　　　name of a person
2. 亨利　　　　　　　　　Hēnglì　　　　　Henry
3. 童乐牌　　　　　　　　Tónglè Pái　　　brand of a product
4. 丰田车　　　　　　　　Fēngtián chē　　Toyota

注　释　Notes

1. 一定

形容词。表示"适当的、某种程度的"等意思，后面一定要带"的"作名词的定语。如：

一定 here is an adjective attributive meaning "proper", "fair", "due". It must be followed by 的.

（1）他每天都用一定的时间看报纸广告。

（2）我们的工作已经取得了一定的成绩。

2. 随着

介词。构成介宾结构作状语，表示产生某种结果的依据条件。如：

The preposition 随着 + object functions as an adverbial adjunct that indicates the condition upon which a certain result occurs.

（1）随着电视节目收视率的提高，电视广告的影响越来越大。

（2）随着经济的发展，人民的生活水平不断提高。

3. 之间

方位词。表示两端的距离以内，不能单用。如：

The word of locality 之间, which cannot be used by itself, means "between".

（1）元旦和春节之间，他应该来北京一趟。（指时间）

（2）王经理和职员之间的关系非常好。（指范围）

（3）那家银行在北京饭店和长城饭店之间。（指处所）

（4）这种产品的价格大约在 5 美元到 5.5 美元之间。（指数量）

4. 一般地讲

插入语。表示"按通常的情况来说"的意思，用于句首。如：

This is a parenthesis used at the beginning of a sentence, with the meaning "generally speaking".

（1）一般地讲，电视收视率越高，电视广告的影响越大。

（2）一般地讲，广告对促进产品的销售是有作用的。

练 习 Exercises

一、根据《会话1》的内容，回答下列问题：

Answer the following questions according to Dialogue 1：

1. 为了促进产品的销售，公司首先要做什么工作？
2. 做广告的主要形式有哪些？
3. 去首都机场的路上可以看到什么广告牌？
4. 近几年来，什么广告上升的幅度最大？
5. 电视广告的播出费用由什么决定？

二、选择下列词语填空：

Fill in the blanks with appropriate words given below：

关注、之间、随着、举办、影响

1. （　　）电视的普及，电视广告的影响也越来越大。
2. 一些大公司常常（　　）产品展销会。
3. 节目和节目（　　）一般都有广告。
4. 广告做得好坏，直接（　　）到产品的销售。
5. 电视广告越来越受到人们的（　　）。

三、填写适当的词语：

Fill in the blanks with appropriate words：

1. 宣传_____   2. 促进_____   3. _____繁多
4. 提高_____   5. 占有_____   6. _____栏目

会 话 2

（G公司会议室，刘健和亨利在商谈如何提高产品的知名度）

亨利：宣传产品，除了电视广告外，我们是不是还可以考虑其他的广告形式？

刘健：行啊！比如在报纸上登广告，在广播电台播广告都可以。

亨利：与电视广告相比，它们的效果怎么样？

刘健：当然不如电视广告画面那么直观、生动，不过它也有自己的优点。

亨利：那是，这个问题需要研究一下。

刘健：是的，现在人们都比较忙，很少有白天看电视的。

亨利：这倒是。

刘健：但听广播可就不同了，它不受时间和地点的限制。

亨利：对。像在公司或企事业单位工作的，还有大学里的师生都有听新闻或音乐的习惯。

刘健：这可是一大批消费者啊！

亨利：的确是这样。

刘健：而且广播广告的制作费用要比电视广告低。

亨利：说得对，是这样。

刘健：广播广告靠声音传播，广告的制作不会像电视广告那么复杂。

亨利：对，我们只要提供产品的性能、特点、价格，再请人配解说词就行了。

刘健：再说，电台安排广告的播出时间很灵活，周期也比电视广告短。

亨利：看来，广播广告的优点还真不少。

刘健：可不。我觉得公司在做电视广告的同时，完全可以利用广播电台介绍自己的产品。

亨利：这方面的业务怎么联系呢？

刘健：据我了解，各家广播电台都有自己的广告代理公司，很方便。

亨利：那好，我们跟广播电台广告部门联系一下，尽快推出我们的产品广告。

刘健：行，我马上跟北京广播电台联系，具体要求我们再商量，好吗？

亨利：好，就这样决定了。

生　词　New Words

1. 登	（动）	dēng	to publish in a newspaper or a magazine; to print (an advertisement)
2. 电台	（名）	diàntái	broadcasting station
3. 与……相比		yǔ……xiāngbǐ	in comparison with
4. 画面	（名）	huàmiàn	picture
5. 直观	（形）	zhíguān	directly perceived through the senses
6. 生动	（形）	shēngdòng	vivid
7. 优点	（名）	yōudiǎn	advantage
8. 倒	（副）	dào	*used to tone down a preceding seatement*
9. 新闻	（名）	xīnwén	news
10. 批	（量）	pī	lot; group; batch
11. 靠	（动/介）	kào	to depend on; by

74

12. 性能	（名）	xìngnéng	function; performance
13. 配	（动）	pèi	to add sth. to fit sth. else
14. 解说词	（名）	jiěshuōcí	commentary; caption
15. 大众	（名）	dàzhòng	the masses; the public
16. 周期	（名）	zhōuqī	period; cycle
17. 代理	（动）	dàilǐ	to act as agent
18. 灵活	（形）	línghuó	flexible
19. 尽快	（副）	jǐnkuài	as soon as possible

注　释　Notes

1. 与……相比

固定格式。引进用来比较的对象。除了"相比"以外，介词"与"的后面还常常用"相同、不同、一样、差不多"等词。如：

This pattern introduces somebody or something for comparison. In addition to 相比, the preposition 与 can go with 相同，不同，一样，差不多, etc.

(1) 与朋友相比，我的办事能力太差了。

(2) 其他广告的直观效果是不能与电视广告相比的。

2. 倒

副词。表示舒缓语气。如果不用"倒"，语气较强。如：

The adverb 倒 moderates the tone here.

(1) 这种产品倒不一定比那种好。

(2) 今天的饭倒挺好吃。

(3) 今天我们谈得倒很顺利。

3. 靠

动词。表示"依靠"的意思。如：

靠 is a verb meaning "depend on" or "rely on".

(1) 在家靠父母，出门靠朋友。

(2) 合作协议的签订要靠双方的努力。

4. 而且

连词。表示意思更进一层。多连接分句和句子，后面常有副词"还、也、又、更"等。如：

The conjunction 而且, often followed by adverbs such as 还，也，又 and 更,

75

is chiefly used to connect clauses or sentences so as to express a progressive meaning.

(1) 他今天去了长城，而且还在那里照了好多相。

(2) 他喜欢书法，而且也能写一手好字。

5. 可

副词。表示加强语气。如：

The adverb 可 here carries an emphatic tone.

(1) 今天可是个好天气呀！

(2) 这个公司可是北京有名的公司。

练 习 Exercises

一、根据《会话2》的内容，回答下列问题：

Answer the following questions according to Dialogue 2:

1. 亨利和刘健在商谈什么问题？

2. 与电视广告相比，广播广告的不足是什么？

3. 广播广告有哪些特点？

4. 广播广告的制作费贵吗？为什么？

5. 亨利和刘健商谈的结果如何？

二、选择下列词语填空：

Fill in the blanks with appropriate words given below:

播、靠、是、配、有

1. 大学里的师生都（　　）听广播的习惯。

2. 这个广告再（　　）上解说词就可以播出了。

3. 广播广告主要是（　　）声音传播的。

4. 节目和节目之间一般都（　　）一段广告。

5. 这的确（　　）一大批听众。

三、填写适当的词语：

Fill in the blanks with appropriate words:

1. 联系_____   2. _____公司   3. _____周期

4. 促进_____   5. _____形式   6. _____费用

会 话 3

（约翰和刘健逛完华奥商场，走进一家冷饮店）

约翰：刘先生，昨天我在《北京晚报》上看到了一则广告，推销的产品与我们的产品类似。

刘健：是的，现在各大报纸都辟出一定的版面刊登广告，促进商品的销售。

约翰：那，我们是不是也可以利用报纸推出我们的产品呢？

刘健：完全可以！

约翰：我觉得报纸广告有它自己的特点，首先是它的读者很多，您说呢？

刘健：我也有同感，现在人们对报纸的需要就跟对快餐的需要一样。

约翰：既经济又方便，难怪有人说报纸是人们生活中的精神快餐。

刘健：真是这样，不过要说广播广告是这精神快餐里的一道菜，一点也不过分！

约翰：说得好，不知道报纸广告的收费情况怎么样？有什么标准吗？

刘健：不同的版面收费不同，同一个版面，篇幅的长短不同收费也不一样，彩页和一般的黑白印刷页收费也不同。

约翰：这样是合理的。那么同样篇幅的广告是不是所有的报纸收费都一样呢？

刘健：那不一定。有的报纸发行量大，广告费就会高一些。

约翰：要是我们刊登的广告时间长，在价格上有没有优惠？

刘健：有。据统计，对常年客户的优惠幅度大概在8%左右。

约翰：谁来承办报纸广告方面的业务呢？

刘健：可以直接跟各报社的广告部门洽谈。

约翰：刘先生，您觉得报纸广告在贵国的宣传效果怎么样？

刘健：最近，有关部门对报刊广告进行了一段跟踪调查。80%左右的广告客户反映，他们的销售量都有大幅度的增长。

约翰：听您这么一介绍，我很高兴。今后除了定期、短期地在电视上做广告外，我认为还应该较长期地在报纸上做广告，让更多的消费者了解我们的产品。

刘健：这的确是个好主意。

生 词 New Words

1. 则 （量） zé item（of news）；paragraph or piece （of writing）

2. 类似 （形） lèisì similar；like

3. 辟 （动） pì to open up；to start（a new column in the newspaper）

4. 版面 （名） bǎnmiàn space in newspapers etc.

5. 刊登 （动） kāndēng to publish in a newspaper or magazine； to print（an advertisement）

6. 利用 （动） lìyòng to make use of；to take advantage of

7. 篇幅 （名） piānfú length（of a piece of writing）

8. 彩页 （名） cǎiyè color page

9. 印刷页 （名） yìnshuāyè printed page

10. 同样 （形/连） tóngyàng same；alike

11. 所有 （形） suǒyǒu all

12. 发行 （动） fāxíng issue

13. 统计 （动/名） tǒngjì to statistics

14. 承办 （动） chéngbàn to undertake

15. 直接 （形） zhíjiē direct

16. 报社 （名） bàoshè newspaper office

17. 跟踪 （动） gēnzōng to follow up

18. 调查 （动/名） diàochá to investigate；investigation

19. 反映 （动/名） fǎnyìng feedback

20. 增长 （动） zēngzhǎng to increase

21. 消费者 （名） xiāofèizhě consumer

注 释 Notes

1. 类似

形容词。"大致相像" 的意思。如：

This is an adjective meaning "likc", "similar" or "roughly of the same type".

（1）我们应该避免发生类似的问题。

78

(2) 类似这样的话我听过很多遍了。

2．所有

形容词。表示"全部、一切"的意思，只用在名词前。如：

The adjective 所有 means "all" and can only occur before nouns.

(1) 他遇到的所有问题都解决了。

(2) 公司里所有的人都在注意这位新来的经理。

(3) 我所有的钱都在这里，你拿去用吧。

3．进行

动词。表示从事持续性的活动。可带"了"和动词宾语。如：

进行, which can be followed by 了 and a verbal object, is a verb which means "engage in some continuous action".

(1) 双方对这个问题进行了认真的讨论。

(2) 现在我们大家对这两个建议进行比较。

4．难怪

连词。表示明白了事情的原委之后，不再觉得奇怪。如：

The conjunction 难怪 means "no wonder".

(1) 大卫对中国的历史、文化了解得很多，难怪大家都叫他中国通。

(2) 小王在美国生活了七八年，难怪他的英语说得这么好。

练　习　Exercises

一、根据《会话3》的内容，回答下列问题：

Answer the following questions according to Dialogue 3：

1．约翰昨天在《北京晚报》上看到了什么？

2．报纸广告有什么特点？

3．各大报纸为什么都辟出一定的版面刊登广告？

4．广告客户对报纸广告的宣传效果反映如何？

5．报纸广告业务由谁来承办？

二、选择下列词语填空：

Fill in the blanks with appropriate words given below：

利用、统计、增长、辟出、促进

1．根据客户反映，他们的销售量都有大幅度的（　　　）。

2. 现在各大报纸都（　　　）一定的版面刊登广告。

3. 我们也可以（　　　）报纸推出我们的产品。

4. 刊登广告是为了（　　　）商品的销售。

5. 据（　　　），对常年客户的优惠幅度大概在12％左右。

三、填写适当的词语：

Fill in the blanks with appropriate words:

1. ＿＿＿＿＿广告　2. ＿＿＿＿＿幅度　3. ＿＿＿＿＿部门

4. ＿＿＿＿＿调查　5. ＿＿＿＿＿效果　6. ＿＿＿＿＿标准

综合练习　Comprehensive Exercises

一、选择画横线字的正确读音：

Choose the right phonetic transcription of the underlined part:

1. 画面（huà/huàr）　2. 联系（xì/xi）　3. 音乐（yuè/lè）

4. 发行（háng/xíng）　5. 了解（le/liǎo）　6. 随着（zháo/zhe）

7. 费用（yòng/yong）　8. 特点（diǎnr/diǎn）　9. 便宜（pián/biàn）

二、填写适当的量词：

Fill in the blanks with appropriate measure words:

　　块、则、条、个、批

1. 今天报纸上有两（　　　）汽车方面的报道。

2. 产品的质量好，知名度高，就能占有市场。这是一（　　　）规律。

3. 北京电视台新开了一（　　　）栏目：电脑时代。

4. 喜欢京剧的听众有一大（　　　）。

5. 汽车站旁边有一（　　　）长城公司的广告牌。

三、填写适当的补语：

Fill in the blanks with appropriate complements:

　　到、出、开、在、上

1. 请大家打（　　　）书，看第五十页。

2. 他在路边看（　　　）一个老朋友，马上走过去打招呼。

3. 听说某公司又推（　　）一批新产品。

4. 晚上，两个好朋友坐（　　）咖啡馆里聊天。

5. 这件上衣配（　　）一条深色的裤子才好看。

四、整理句子：

Rearrange the given words into a sentence：

1. 电视、越来越、广告、人们、的、受到、关注

2. 没有、市场、占有、知名度、就、无法

3. 广播、主要、广告、靠、声音、宣传、性能、产品、的

4. 发行量、大、报纸、的、广告费、就、会、一些、高

5. 广告、我们、是、做、让、了解、我们、为了、产品、的、消费者

五、用指定结构或词语改写句子：

Rewrite the following sentences with the given words or constructions：

1. 各大报纸都辟出固定的版面刊登广告。（一定）

2. 同一版面，广告的篇幅长，收费高；广告的篇幅短，收费低。（不同）

3. 有一定的知名度，产品就可以占有一定的市场。（没有……无法……）

4. 跟电视广告比较以后，才知道广播广告不如电视广告的效果好。（与……相比）

5. 电视广告的播出时间长，它的播出费就高。（由……决定）

六、思考题：

Questions for thinking：

1. 为了促进产品的销售，你认为应该做哪方面的工作？

2. 广告的主要形式有哪些？

第七单元　商标是一种无形资产

询问的表达方式（二）

1. 我们公司的商标已经在我国登记注册了，那么在贵国<u>受不受</u>法律的保护呢？

2. 办理这方面的手续<u>复杂不复杂</u>？

3. 您<u>不是</u>说在贵国已经登记注册了<u>吗</u>？

4. 那我们<u>能不能</u>请贵公司代理呢？

5. 我觉得请中国国际商会代办更好，<u>您说呢</u>？

6. 办好这些手续，<u>是不是</u>就能受到贵国法律的保护了？

7. 现在的情况<u>如何</u>？

8. 贵公司对进入中国市场<u>是否</u>也很有兴趣？

9. 像希尔顿这样的知名度高的酒店，肯定具有很大的优势，<u>是不是</u>？

10. 入住的客人<u>多不多</u>？

会 话 1

（琼斯与林冰在酒吧聊天）

琼斯：林先生，上次我们谈到广告，其实，商标本身就是最好的广告。

林冰：可不是，消费者现在购买同类商品时，首先注意的就是牌子。

琼斯：一个好的品牌能促使产品在市场畅销，给企业带来很大的效益。所以，商标是区别商品的标志，也是企业的无形资产，非常重要。您说呢？

林冰：是的。世界上很多大公司的资产中都包含着名牌商标的价值。

琼斯：这样的例子太多了，贵国不是就有一家著名烤鸭店以商标使用权作价在国外投资吗？

林冰：是啊，你们也听说了？

琼斯：它与外商联营开设烤鸭店，其中以商标使用权作价，占中方投资总额的15%。

林冰：可见一个名牌商标对一个企业的发展是多么重要。

琼斯：创一个名牌商标很不容易，全凭质量作基础。

林冰：创名牌难，保名牌更难，必须始终保持产品的质量。

琼斯：林先生，我们公司的商标已经在我国登记注册了，那么在贵国受不受法律的保护呢？

林冰：按我国商标法的规定，国外商标要想在中国得到法律的保护，必须向中国有关部门提出申请，批准后才行。

琼斯：办理这方面的手续复杂不复杂？

林冰：您不是说在贵国已经登记注册了吗？那就简单多了。

琼斯：是吗？具体怎么办呢？

林冰：您可以请一个部门代理。

琼斯：那我们能不能请贵公司代理呢？

林冰：可以是可以，但我们是合作的双方，我觉得请中国国际商会代办更好，您说呢？

琼斯：对，办好这些手续，是不是就能受到贵国法律的保护了？

林冰：按商标法，在规定的期限内，对注册的商标没有发生争议，才能决定商标的专用权。

琼斯：大概要多长时间？

林冰：三个月。

琼斯：您谈的这些对我了解贵国的商标注册情况太宝贵了，谢谢。

林冰：看您说的，我们之间还要这么客气吗？

生 词 New Words

1.	其实	（副）	qíshí	actually; in fact
2.	商标	（名）	shāngbiāo	trademark
3.	本身	（代）	běnshēn	oneself
4.	牌子	（名）	páizi	brand; trademark
5.	畅销	（动）	chàngxiāo	to sell well
6.	效益	（名）	xiàoyì	profit; benefit
7.	标志	（动/名）	biāozhì	to mark; mark
8.	无形	（形）	wúxíng	intangible; invisible
9.	资产	（名）	zīchǎn	assets; property
10.	使用权	（名）	shǐyòngquán	right of use
11.	包含	（动）	bāohán	to contain; to include
12.	价值	（名）	jiàzhí	value
13.	例子	（名）	lìzi	example
14.	著名	（形）	zhùmíng	famous
15.	总额	（名）	zǒng'é	total amount
16.	基础	（名）	jīchǔ	foundation
17.	保持	（动）	bǎochí	to keep; to maintain
18.	登记	（动）	dēngjì	to enter one's name; to register
19.	注册	（动）	zhùcè	to register
20.	部门	（名）	bùmén	department
21.	受	（动）	shòu	to get; to be subjected to
22.	法律	（名）	fǎlǜ	law
23.	保护	（动/名）	bǎohù	to protect; protection
24.	申请	（动）	shēnqǐng	to apply
25.	批准	（动）	pīzhǔn	to authorize; to ratify
26.	商会	（名）	shānghuì	chamber of commerce
27.	争议	（动）	zhēngyì	to dispute; controversy
28.	专用权	（名）	zhuānyòngquán	exclusive right

专 名 Proper Nouns

1. 琼斯　　　　　　　Qióngsī　　　　　Jones
2. 林冰　　　　　　　Lín Bīng　　　　　name of a person
3. 中国国际商会　　　Zhōngguó Guójì Shānghuì
　　　　　　　　　　International Chamber of Commerce of China

注 释 Notes

1. 以……

介词。表示"凭借"的意思。相当于"用"、"拿"。如：

The prepostion 以 here means "with", "to use" or "on the basis of".

(1) 一家著名烤鸭店以商标使用权作价在国外投资。

(2) 我们公司以很低的价格买下了这些产品。

2. 不是……吗?

反问句。不需要回答。表示对其后面成分的强调。如：

This is a rhetorical question to emphasize the element after 不是. No answer is expected.

(1) 他不是不去吗?（强调不去）

(2) 办手续不是很复杂吗?（强调很复杂）

3. 在……内

固定格式。表示限定时间、空间、数量等方面的范围。意义相同的格式还有"在……之内"、"在……里"。如：

This pattern is to set a limit to time, place, amount, etc. Patterns with the same function are 在……之内 and 在……里.

(1) 希望你在五天内寄到。

(2) 不准在室内吸烟。

练 习　Exercises

一、根据《会话 1》的内容，回答下列问题：

Answer the following questions according to Dialogue 1：

1. 商标的重要性是什么？
2. 北京一家著名烤鸭店是以什么在国外投资的？
3. 好的品牌有什么作用？
4. 质量和名牌有什么关系？
5. 国外商标要想在中国受到法律的保护应该做什么？

二、选择下列词语填空：

Fill in the blanks with appropriate words given below：

无形、品牌、同类、本身、受

1. 消费者在选择（　　）商品时，首先注意的就是牌子。
2. 商标（　　）就是最好的广告。
3. 商标是企业的（　　）财产。
4. 我们注册的商标（　　）中国法律保护吗？
5. 一个好的（　　）能使你的产品在市场上畅销。

三、填写适当的词语：

Fill in the blanks with appropriate words：

1. 提出_____　2. 登记_____　3. 无形_____
4. 发生_____　5. 投资_____　6. 著名_____

会　话　2

（保罗与丁力在饭店的喷水池旁散步）

保罗：昨天我们去王府井、西单转了转。

丁力：怎么样？印象如何？

保罗：非常繁华、热闹。商场里顾客多，商品丰富，给我留下了很深的印象。

丁力：由于地理位置的不同，北京形成了几个规模较大的商业区，您去的就是其中两个最大的。

保罗：这些繁华的商业区一定有许多外商前去投资吧？

丁力：可不是，不少世界知名品牌的服装、化妆品都设立了自己的专卖店。

保罗：是的，我昨天就看到了皮尔·卡丹、资生堂的专柜。

丁力：许多著名品牌的家具、建筑材料，厂家也在北京设立了自己的营业机构。

保罗：是吗？这我倒没注意。昨天我们还看到了麦当劳、肯德基、加州烤肉这样的广告牌，真有意思。

丁力：对，这就是北京人常说的洋快餐。中国是一个注重饮食文化的大国，但对外来的洋快餐也感到很新鲜，所以，生意不错。

保罗：在我国仓储式的大型超市很多，去那儿买东西既方便又便宜，北京有吗？

丁力：有啊，像北京的普尔斯马特会员店就是有名的大型超市。

保罗：北京人能接受吗？

丁力：刚开始人们对普尔斯马特的经营方式不太了解，去的人不是太多。

保罗：现在的情况如何？

丁力：人们通过广告慢慢了解了它的经营方式，试着购买那儿的商品，觉得质量好，价格公道，品种齐全，入会的人数一年比一年多。

保罗：商家的经营方式和品牌形象太重要了。

丁力：您说得很对。中国市场上，类似普尔斯马特这样的集团连锁店发展得很快，销售量逐年增加。

保罗：的确，中国的市场对我们公司有着很大的吸引力。

丁力：欢迎贵公司来北京发展。

保罗：谢谢，我们会来的。

生　词　New Words

1. 喷水池　（名）　pēnshuǐchí　　fountain
2. 繁华　　（形）　fánhuá　　　busy; bustling
3. 顾客　　（名）　gùkè　　　　customer
4. 形成　　（动）　xíngchéng　to form; to take shape
5. 其中　　（名）　qízhōng　　among (which, them, etc.)
6. 化妆品　（名）　huàzhuāngpǐn　cosmetics
7. 设立　　（动）　shèlì　　　to set up; to establish
8. 专卖店　（名）　zhuānmàidiàn　franchised store
9. 家具　　（名）　jiājù　　　furniture
10. 材料　　（名）　cáiliào　　material

11. 机构	（名）	jīgòu	institution; organization
12. 牌	（名）	pái	plate; board
13. 洋	（形）	yáng	foreign
14. 快餐	（名）	kuàicān	fast food
15. 注重	（动）	zhùzhòng	to lay stress on; to attach importance to
16. 新鲜	（形）	xīnxiān	new; novel; strange
17. 仓储式	（形）	cāngchǔshì	warehousing
18. 陆续	（副）	lùxù	one after another
19. 购买	（动）	gòumǎi	to buy
20. 公道	（形）	gōngdao	reasonable; fair
21. 形象	（名/形）	xíngxiàng	image
22. 连锁店	（名）	liánsuǒdiàn	chain store
23. 逐年	（副）	zhúnián	year by year

专 名 Proper Nouns

1. 保罗	Bǎoluó	Paul
2. 丁力	Dīng Lì	name of a person
3. 皮尔·卡丹	Pí'ěr·Kǎdān	Pierre Cardin
4. 资生堂	Zīshēngtáng	Shiseido（brand of Japanese cosmetics）
5. 麦当劳	Màidāngláo	McDonald's
6. 肯德基	Kěndéjī	KFC
7. 加州烤肉	Jiā Zhōu kǎoròu	California Roast Meat
8. 普尔斯马特会员商店	Pǔ'ěrsīmǎtè Huìyuán Shāngdiàn	
	Price Smart Membership Shop	

注 释 Notes

1. 由于

介词。表示原因或理由。与后面的名词性词语构成介宾词组后作状语。可以用在"是"后面，也可以放在主语的前面或后面。如：

The preposition 由于 introduces reason or cause. In conjunction with the noun

88

phrase following it, it functions as an adverbial adjunct, which can either be placed after 是 or precede or follow the subject.

(1) 由于天气的原因，他今天不来参加展销会了。

(2) 由于工作关系，我在北京多停留了两天。

2. 既……又……

并列复句。连接动词或形容词，表示同时具有两个方面的性质或情况。如：

既……又…… occurs in compound-complex sentences to join verbs/verbal phrases or adjectives/adjectival phrases. It shows the coexistence of two qualities or situations.

(1) 他既会说英语，又会说法语。

(2) 那家饭馆的菜既好吃，又便宜。

3. 一年比一年

比较句式。在句中作状语，表示程度差别的累进。如：

This pattern of comparison serves as an adverbial adjunct to express the progressive difference.

(1) 电视广告的收视率一年比一年高。

(2) 他们的生活一年比一年好。

练 习 Exercises

一、根据《会话 2》的内容，回答下列问题：

Answer the following questions according to Dialogue 2：

1. 哪些情况给他留下了很深的印象？

2. 这些繁华的商业区有哪些世界名牌商品？

3. 为什么外来的洋快餐生意不错？

4. 中国人对仓储式的大型超市习惯吗？

5. 为什么这种经营方式带来了不小的经济效益？

二、选择下列词语填空：

Fill in the blanks with appropriate words given below：

　　是不是、其中、通过、由于、逐年

1. 人们（　　）广告慢慢接受了这种经营方式。

2. 这种经营方式带来的经济效益（　　　）增加。

3. 北京有很多大商场，王府井和西单就是（　　　）的两家。

4. （　　　）价格的原因，他们双方还没签合同。

5. 你（　　　）对我说的那种化妆品也很感兴趣呢？

三、填写适当的词语：

Fill in the blanks with appropriate words:

1. ＿＿＿＿＿＿品牌　2. ＿＿＿＿＿＿机构　3. ＿＿＿＿＿＿文化

4. ＿＿＿＿＿＿方式　5. ＿＿＿＿＿＿公道　6. ＿＿＿＿＿＿齐全

会 话 3

（赵岩来看安迪，邀请他一起去东方康乐中心打保龄球）

赵岩：安迪先生，昨天游览得怎么样？玩儿得开心吗？

安迪：很开心。巧得很，游览颐和园时我还遇见了与我同机到京的一个旅游团。

赵岩：是吗？真是太巧了。的确，随着旅游业的发展，来中国观光的外国游客越来越多了。

安迪：旅游业的发展还会带动相关行业的发展，在中国也是这样吧？

赵岩：是啊，通讯、运输、金融、饭店等服务行业都有了很大的发展。

安迪：酒店业对于旅游来说是最重要的了。北京这方面的情况怎么样？

赵岩：改革开放的初期，北京只有数量很少的几家饭店，如北京饭店、西苑饭店、友谊宾馆等。

安迪：这几家饭店的确很有名，早就听朋友说过。

赵岩：后来，游客越来越多，这几家饭店就远远不够了，于是又建了许多家新饭店，像王府饭店、长富宫、昆仑饭店、兆龙饭店、建国饭店等等。

安迪：这些饭店都是中国自己投资兴建的吗？

赵岩：不都是，有的是与外商合资兴建的。

安迪：世界著名的酒店业集团像希尔顿、丽都假日等，它们的酒店几乎遍布世界各国。

赵岩：对啊，北京的长城饭店就是希尔顿酒店业集团投资兴建的，丽都假日集团也在北京建起了自己的饭店。

安迪：在服务行业的发展中，竞争是免不了的，像希尔顿这样知名度高的酒店，肯定具有很大的优势，是不是？

赵岩：一般地讲是这样，但其他档次的饭店、酒店也不甘落后，都纷纷改进
　　　经营管理，提高服务质量。您觉得您住的饭店怎么样？

安迪：我住的饭店设施齐备，让人感到很舒适，餐饮娱乐很方便，各种服务
　　　非常周到。

赵岩：入住的客人多不多？

安迪：很多。因为除了舒适、方便、服务周到外，价格也很公道。

赵岩：这就对了。任何行业，都要在提高质量的同时，尽量降低成本，才能
　　　在竞争中取得优势。

安迪：说得很有道理。

赵岩：时间不早了，我们走吧。

生　词　New Words

1. 保龄球	（名）	bǎolíngqiú	bowling
2. 开心	（形）	kāixīn	happy; to have a good time
3. 观光	（动）	guānguāng	to go sight-seeing; to tour
4. 带动	（动）	dàidòng	to drive; to spur on
5. 相关	（动）	xiāngguān	related
6. 金融	（名）	jīnróng	finance
7. 行业	（名）	hángyè	industry; trade
8. 改革	（动）	gǎigé	to reform
9. 开放	（动）	kāifàng	to open up to the outside world
10. 合资	（形）	hézī	joint venture
11. 几乎	（副）	jīhū	almost
12. 遍布	（动）	biànbù	all over
13. 竞争	（动/名）	jìngzhēng	to compete; competition
14. 免	（动）	miǎn	to avoid
15. 具有	（动）	jùyǒu	to have; to possess
16. 档次	（名）	dàngcì	grade
17. 不甘落后		bùgān luòhòu	unwilling to lag behind
18. 纷纷	（形）	fēnfēn	one after another
19. 降低	（动）	jiàngdī	to reduce; to lower
20. 任何	（代）	rènhé	any
21. 成本	（名）	chéngběn	cost

22. 因素　　　　　　（名）　　　　yīnsù　　　　element; factor

专　名　Proper Nouns

1. 赵岩　　　　　　Zhào Yán　　　　　　　name of a person
2. 安迪　　　　　　Āndí　　　　　　　　　Andy
3. 东方康乐中心　　Dōngfāng Kānglè Zhōngxīn　　Dongfang Recreational Center
4. 北京饭店　　　　Běijīng Fàndiàn　　　　Beijing Hotel
5. 西苑饭店　　　　Xīyuàn Fàndiàn　　　　Xiyuan Hotel
6. 王府饭店　　　　Wángfǔ Fàndiàn　　　　Palace Hotel
7. 长富宫　　　　　Chángfùgōng　　　　　Hotel Bew Otani Changfugong
8. 昆仑饭店　　　　Kūnlún Fàndiàn　　　　Kunlun Hotel
9. 兆龙饭店　　　　Zhàolóng Fàndiàn　　　Zhaolong Hotel
10. 建国饭店　　　　Jiànguó Fàndiàn　　　Jianguo Hotel
11. 希尔顿（酒店）　Xī'ěrdùn（Jiǔdiàn）　　Hilton Hotel
12. 丽都假日（饭店）Lìdū Jiàrì（Fàndiàn）　Holiday Inn Lido Beijing

注　释　Notes

1. 对于……来说

固定格式。表示从某人或某事的角度来看所得出的结论。如：

This pattern serves to draw a conclusion from a certain point of view.

（1）对于消费者来说，最受欢迎的是质量高价格低的商品。

（2）对于商家来说，他们最关心的是提高效益。

2. ……，于是……

承接复句。连词"于是"用于后一分句，承接上文，表示后一事多由前一事引起。可以停顿。如：

The conjunction 于是, used in the second clause of a complex sentence to continue the first clause, introduces an action or a state of affairs caused by what is mentioned in the first clause. A pause is allowed before it.

（1）别人都说龙井茶好喝，于是我也买了一些。

（2）他喜欢旅游，于是每个周日都出去。

92

3. 几乎

副词。表示某种动作或事情接近于发生或完成。相当于"差不多"、"接近于"的意思。如：

The adverb 几乎 shows that something is about to happen or complete. It means "almost".

(1) 没订到房间，她急得几乎要哭了。

(2) 来北京的人几乎都要去看看长城。

4. 免不了

可能补语。由"得/不 + 了 (liǎo)"构成。表示主、客观条件是否容许实现（某种动作和变化）；或表示对情况的估计。如：

得/不 + 了 serves as complement of potentiality showing whether an action or a change can take place or not or indicating an estimate.

(1) 今天下雨，去不了颐和园了。

(2) 小张比小李大不了几岁。

(3) 住五星级酒店多花钱是免不了的。

(4) 要谈成一笔生意，早起晚睡是免不了的。

练　习　Exercises

一、根据《会话3》的内容，回答下列问题：

Answer the following questions according to Dialogue 3：

1. 旅游业的发展还会带动哪些行业的发展？

2. 对于旅游业来说，哪个行业对它影响最大？

3. 为什么现在又建了许多家新饭店？

4. 这些饭店都是中国自己投资兴建的吗？

5. 安迪住的饭店为什么客人很多？

二、选择下列词语填空：

Fill in the blanks with appropriate words given below：

　　尽量、免不了、任何、纷纷、具有

1. 去（　　）地方旅游都要带上照相机。

2. 许多商家都看好北京这个市场，近两年来，他们都（　　）来京投资建厂。

3. 机票没订上，你别着急，我一定（　　）帮你想办法解决。

4. 知名度高的酒店在竞争中（　　）很大的优势。

5. 你不会汉语，第一次来中国遇到一点儿困难是（　　）的。

三、填写适当的词语：

Fill in the blanks with appropriate words:

1. 降低＿＿＿＿＿　2. 遍布＿＿＿＿＿　3. 不甘＿＿＿＿＿

4. 服务＿＿＿＿＿　5. 具有＿＿＿＿＿　6. 设施＿＿＿＿＿

综合练习　Comprehensive Exercises

一、选择画横线字的正确读音：

Choose the right phonetic transcription of the underlined part：

1. 衣服（fú/fu）　　2. 尽量（jǐn/jìn）　　3. 行业（háng/xíng）

4. 纷纷（fēn/fen）　5. 免不了（le/liǎo）　6. 几乎（jī/jǐ）

7. 人数（shù/shǔ）　8. 牌子（zi/zǐ）　　9. 慢慢（màn/man）

二、填写适当的量词：

Fill in the blanks with appropriate measure words：

　　笔、辆、种、家、个

1. 前边有一（　　）酒店，我们进去看看吧。

2. 熊猫是中国电器的一（　　）品牌。

3. 商标对企业来讲是一（　　）无形的财产。

4. 打保龄球是一（　　）高雅的娱乐方式。

5. 他们公司新买的两（　　）汽车是从德国进口的。

三、填写适当的补语：

Fill in the blanks with appropriate complements：

　　下、来、不了、到、好

1. 他今天病了，上（　　）课了。

2. 你委托我的那件事，我明天就能办（　　）。

3. 照相机我带（　　）了，你拿去用吧。

4. 长城给我留 （   ） 了很深的印象。

5. 这次来中国，我感 （   ） 城市的交通和绿化比以前更好了。

四、整理句子：

Rearrange the given words into a sentence：

1. 中国、大国、文化、注重、是、饮食、一个、的

2. 不少、品牌、知名、世界、有、都、专卖店、自己的

3. 初期、开放、改革、只有、很少、数量、的、北京、几家、饭店

4. 长城饭店、一、家、酒店业、集团、兴建、的、是、就、投资

5. 在、提高、同时、质量、的、尽量、成本、降低

五、用指定结构和词语改写句子：

Rewrite the following sentences with the given words or constructions：

1. 旅游业发展了，来中国观光的游客每年都在增加。(逐年)

2. 其实商标就是最好的广告。(本身)

3. 您说在贵国已经登记注册了。(不是……吗)

4. 知名度高的饭店在竞争中有很大的优势。(具有)

5. 外国人用筷子是一件难事。(对于……来说)

六、思考题：

Questions for thinking：

1. 好的品牌对企业有什么影响？

2. 一般地说，服务行业应包括哪些呢？

第八单元　您要从哪儿出境

提醒或禁止的表达方式

1. 欢迎您来到北京。请出示您的个人证件。

2. 您有什么物品要申报吗？

3. 这一份请您保存好，出关时要向海关出示。

4. 海关禁止携带武器、毒品、易燃易爆等物品。

5. 海关对旅客携带的烟酒数量是有规定的。

6. 按规定超过两瓶必须上税。

7. 对不起，这里不准拍照。请看牌子上写着什么？

8. 禁止吸烟、拍照！

9. 注意行李的体积不要太大，重量也要控制一下，别在路上摔坏了。

10. 一定要有发票，否则不能放行。

会 话 1

(迈克尔到达北京首都国际机场，在机场海关大厅办理入境手续)

李　华：欢迎您来北京。请出示您的证件。

迈克尔：这是我的护照。

李　华：哦，是旅游签证。您来北京旅游？

迈克尔：不，我来谈生意，顺便看看北京的名胜古迹。

李　华：那，您打算在中国停留多长时间？

迈克尔：大概三个星期左右。

李　华：您准备从什么地方出境？

迈克尔：北京或者广州，还没最后决定。

李　华：您有什么物品要申报吗？

迈克尔：哪些东西需要申报？

李　华：照相机、摄像机、电脑等物品。

迈克尔：噢，您说的这几样我都有。

李　华：那，请填写行李物品申报单吧。

迈克尔：(过了一会儿) 请看，这样填写行吗？

李　华：可以，不过申报单上填写的物品，您回国时要带出去。这一份请您
　　　　保存好，出关时要向海关出示。海关禁止携带武器、毒品、易燃易
　　　　爆等物品，请问您带有什么违禁品吗？

迈克尔：没有。

李　华：好，您带酒精饮料和香烟了吗？

迈克尔：带了。

李　华：海关对旅客携带的烟酒数量是有规定的。

迈克尔：我烟带得不多，酒带了五瓶，准备送给朋友。

李　华：按规定超过两瓶必须上税。

迈克尔：要上多少税？在这儿交吗？

李　华：请等一下儿，我给您开张税单，税款交给旁边的工作人员就行了。

……

迈克尔：我已经付款了，这是收据。

李　华：好，您的手续办完了，希望您在中国过得愉快！

迈克尔：谢谢，再见！

生 词 New Words

1. 海关　　　（名）　　hǎiguān　　　　customs
2. 入境　　　（离）　　rù jìng　　　　to enter a country
3. 出示　　　（动）　　chūshì　　　　to show; to produce
4. 护照　　　（名）　　hùzhào　　　　passport
5. 签证　　　（名）　　qiānzhèng　　visa
6. 出境　　　（离）　　chū jìng　　　to leave a country
7. 物品　　　（名）　　wùpǐn　　　　article; goods
8. 申报　　　（动）　　shēnbào　　　to declare
9. 摄像机　　（名）　　shèxiàngjī　　video camera
10. 电脑　　　（名）　　diànnǎo　　　computer
11. 样　　　　（量）　　yàng　　　　　kind
12. 行李　　　（名）　　xíngli　　　　luggage
13. 份　　　　（量）　　fèn　　　　　copy
14. 保存　　　（动）　　bǎocún　　　to keep; to preserve
15. 禁止　　　（动）　　jìnzhǐ　　　　to forbid
16. 携带　　　（动）　　xiédài　　　　to carry
17. 武器　　　（名）　　wǔqì　　　　weapon
18. 毒品　　　（名）　　dúpǐn　　　　drug
19. 易燃　　　（形）　　yìrán　　　　inflammable
20. 易爆　　　（形）　　yìbào　　　　explosive
21. 违禁　　　（动）　　wéijìn　　　　to violate a ban; contraband; illicit
22. 必须　　　（助动）　bìxū　　　　must
23. 税　　　　（名）　　shuì　　　　tax
24. 收据　　　（名）　　shōujù　　　receipt

专 名 Proper Nouns

1. 迈克尔　　　　　　　Màikè'ěr　　　　　　　Michael
2. 李华　　　　　　　　Lǐ Huá　　　　　　　　name of a person
3. 首都国际机场　　　　Shǒudū Guójì Jīchǎng　Beijing International Airport

98

注 释 Notes

1. 多

副词。询问程度。用于问句。答话应是数量短语。常与"大、长、远、厚、久、高、深、重"等单音节形容词连用。如：

Here 多, often in conjunction with monosyllabic adjectives such as 大，长，远，后，久，高，深 and 重, is an adverb used in questions to ask about degree. The answer must be a numeral-classifier compound.

(1) 这条路有多长？

(2) 这件行李有多重？

(3) 你有多高？

(4) 他有多大？

"多长 + 时间"是询问时间长短的表达式。如：

多长 + 时间 asks about the length of time.

(5) 你们谈了多长时间？

(6) 你找了他多长时间？

2. 您有什么物品要申报

连动句的一种。前一个动词为"有"或"没有"。其结构形式是"主语 + 有 + 宾语 + （助动词）+ 动词 + （宾语）"。后一个动词对动词"有"有补充说明的作用。如：

This is a sentence with verbal constructions in series. The first verb is 有 or 没有 and the latter verb provides further information as regard to 有 or 没有. The construction is "S + 有/没有 + O (+ Aux. V) + V (+ O)."

(1) 他有事找你。

(2) 我有几个问题要问你。

(3) 他没有时间休息。

3. 给

介词。可用在动词后作结果补语。表示引进、交付、传递的接受者。如：

给 can be a prepostion used after verbs to introduce the recipient of an action that indicates giving, passing on, etc. as a complement of result.

(1) 税款交给谁？

(2) 这几件礼物我要寄给我的朋友。

练 习　Exercises

一、根据《会话1》的内容，回答下列问题：

Answer the following questions according to Dialogue 1：

1. 迈克尔先生来北京的主要目的是什么？
2. 迈克尔先生打算在中国停留多长时间？
3. 迈克尔先生有什么东西要向海关申报？
4. 海关对申报单上填写的物品有什么规定？
5. 海关对旅客携带酒的数量有什么规定？

二、选择下列词语填空：

Fill in the blanks with appropriate words given below：

携带、出示、规定、申报、保存

1. 海关（　　）旅客只能带两瓶酒。
2. 照相机、电脑等物品一定要向海关（　　）。
3. 旅客不能（　　）易燃易爆物品。
4. 这一份行李物品申报单请您（　　）好。
5. 欢迎您来北京，请（　　）您的证件。

三、填写适当的词语：

Fill in the blanks with appropriate words：

1. 禁止_____ 　2. 违禁_____ 　3._____签证
4. 出示_____ 　5. 保存_____ 　6._____单

会 话 2

（迈克尔在RB公司业务代表孙雷的陪同下游览故宫）

迈克尔：孙先生，这儿的景物真有特色，我们在这儿留个影吧。

孙　雷：对不起，这里不准拍照。请看，牌子上写着呢。

迈克尔："禁止吸烟、拍照！"好，我们去外边吧。

孙　雷：来，我给您拍。哟，您这架照相机真够高级的。

迈克尔：还可以，是尼康公司新推出的一种型号。对了，入关时，那里的关
　　　　员对我随身携带的物品查问得很详细，包括这个照相机。他告诉我，

100

回国时一定要带回去。

孙　雷：是的，海关对入境旅客携带的物品有很多限制。

迈克尔：据我所知，大多数国家都严禁携带武器、易燃易爆品入境。

孙　雷：对，也不准携带鸦片、吗啡、海洛因等毒品。

迈克尔：这些规定都是应该的。可有一次我去日本，随身带了两公斤水果准备自己吃，没想到入境时水果被海关给没收了。

孙　雷：我国海关边防也有类似的规定，这主要是为了植物检疫，怕有果蝇之类的病虫害侵入。

迈克尔：要是有人带着心爱的宠物来中国旅游怎么办？

孙　雷：据说要进行动物检疫，至少也要出示有关该动物的健康证件，怕的是有传染病。

迈克尔：有的国家对酒限制得很厉害。

孙　雷：是的，特别是中东阿拉伯国家和伊斯兰国家，这大概与当地的风俗习惯有关吧。

迈克尔：中国海关对入境旅客携带的烟和酒也有限制。跟我同机到北京的一个中国朋友带了六条香烟，上了二百元税，我带了五瓶威士忌，上了三百元税。

孙　雷：其实要是不愿上税，超过规定的烟和酒，也可以寄存在机场海关，等出境时再带出去。

迈克尔：我的酒是打算送给北京朋友的。

孙　雷：听说现在海关对旅客携带物品的限制已经放宽了许多，但对照相机、摄像机、电脑等物品仍禁止出售或转让，因此离境时必须携带出境。

迈克尔：现在，我对中国海关的有关规定比过去清楚多了。

孙　雷：对了，您的签证什么时候到期？

迈克尔：三个月。

孙　雷：那就没有问题了。

生　词　New Words

1. 随身	（副）	suíshēn	(carry) on one's person; (take) with one
2. 高级	（形）	gāojí	advanced; high-grade
3. 型号	（名）	xínghào	model; type
4. 大多数	（名）	dàduōshù	majority; most

5. 准	（动）	zhǔn	to permit; to allow
6. 鸦片	（名）	yāpiàn	opium
7. 吗啡	（名）	mǎfēi	morphine
8. 海洛因	（名）	hǎiluòyīn	heroin
9. 检疫	（动）	jiǎnyì	quarantine
10. 果蝇	（名）	guǒyíng	fruit fly
11. 侵入	（动）	qīnrù	to invade; to break into
12. 至少	（副）	zhìshǎo	at least
13. 传染病	（名）	chuánrǎnbìng	infectious disease
14. 限制	（名）	xiànzhì	restriction; limit
15. 威士忌	（名）	wēishìjì	whiskey
16. 没收	（动）	mòshōu	to confiscate
17. 心爱	（形）	xīn'ài	treasured; loved
18. 宠物	（名）	chǒngwù	pet
19. 该	（代）	gāi	this; that; the above-mentioned
20. 同机	（离）	tóng jī	to take the same plane
21. 寄存	（动）	jìcún	to check (luggage); to leave with/at
22. 放宽	（动）	fàngkuān	to relax restrictions
23. 仍	（副）	réng	still
24. 出售	（动）	chūshòu	to sell
25. 转让	（动）	zhuǎnràng	to transfer

专 名 Proper Nouns

1. 孙雷	Sūn Léi	name of a person
2. 尼康公司	Níkāng Gōngsī	Nikon Inc.
3. 日本	Rìběn	Japan
4. 中东	Zhōngdōng	the Middle East
5. 阿拉伯国家	Ālābó Guójiā	Arabic countries
6. 伊斯兰国家	Yīsīlán Guójiā	Islamic countries

注 释 Notes

1. 够……的

固定格式。表示很高的程度。如：

This pattern expresses a high degree.

(1) 下班时间，路上的汽车真够多的。

(2) 这笔生意谈得真够顺利的。

(3) 我们的合同签得真够快的。

2. 该

代词。指前面已经提到过的人或事物，是"那个"的意思。多用于书面语。如：

该 can be used as a pronoun meaning "this" to refer to the person or thing mentioned in the preceding statement. It mostly occurs in written Chinese.

(1) 北京语言大学是中国最大的汉语教学基地。该校不仅有良好的教学条件，还有经验丰富的教师。

(2) 李明是北京大学研究生，该同学学习努力，成绩优秀。

3. 禁止吸烟、拍照！

无主句。表示泛指或祈使时，一般不必明确指出主语，意思也很清楚。如：

This is a sentence with no subject. In imperative sentences, the meaning is clear enough with no subject. The subject of general reference can also be left out.

(1) 注意安全！

(2) 不要乱扔果皮！

(3) 小心火车！

4. 水果被海关给没收了

被动句的一种。其基本格式是"主语＋被/让/叫＋宾语＋给＋动词＋其他成分"。如：

This is a passive voice. The general pattern is "subject＋被/让/叫＋object＋给＋verb＋other elements."

(1) 我的自行车被小王给借走了。

(2) 李经理被客户们给请去了。

练 习　Exercises

一、根据《会话2》的内容，回答下列问题：

Answer the following questions according to Dialogue 2：

1. 迈克尔先生的照相机怎么样？

2. 海关规定旅客可以带多少香烟？

3. 哪些国家对酒限制得特别厉害？

4. 迈克尔随身携带的水果过关时发生了什么情况？

5. 照相机、摄像机、电脑等物品可以出售或转让吗？

二、选择下列词语填空：

Fill in the blanks with appropriate words given below：

　　限制、听说、特别、类似、寄存

1. （　　）大多数国家也禁止携带毒品。

2. 我国海关也有（　　）的规定。

3. 不愿上税的烟酒可以（　　）在海关。

4. 他（　　）喜欢宠物狗。

5. 海关对旅客随身携带的物品有很多（　　）。

三、填写适当的词语：

Fill in the blanks with appropriate words：

1. 放宽＿＿＿＿＿＿　2. ＿＿＿＿＿＿规定 3. 禁止＿＿＿＿＿＿

4. 随身＿＿＿＿＿＿　5. ＿＿＿＿＿＿习惯 6. 宗教＿＿＿＿＿＿

会　话　3

（迈克尔结束了在北京的业务洽谈，要回国了。孙雷来到他住的饭店）

孙　雷：迈克尔先生，时间过得真快，明天就要分别了，还有什么事需要我帮
　　　　忙吗？

迈克尔：谢谢，我正在准备行李。请问离境前还要办什么手续吗？

孙　雷：离境的手续比较简单，主要是交验护照、机票就可以了。

迈克尔：那我随身携带的东西呢？

孙　雷：您指的是什么东西？

104

迈克尔：这里面有我来北京时带的照相机、摄像机和电脑。

孙　雷：这个，您向海关出示一下入关时的申报单就可以了。

迈克尔：来北京后我又买了不少礼品，像针织刺绣、丝绸、茶叶、工艺美术品等。

孙　雷：这些东西也没有问题，不过要包装好，注意行李的体积不要太大，重量也要控制一下，别在路上摔坏了。

迈克尔：对了，来中国时，一位朋友托我买几件中国的艺术品。

孙　雷：哪方面的？

迈克尔：他是研究中国文化的，特别喜欢中国画和明清时代的瓷器，我替他选了一幅齐白石的虾和一幅潘天寿的芭蕉。

孙　雷：瓷器呢？

迈克尔：买了一个瓷瓶、一个笔筒和一个笔洗。

孙　雷：有发票吗？

迈克尔：两幅国画是在琉璃厂买的，有发票。瓷器是在潘家园买的，没有发票。

孙　雷：这方面海关可能有更详细的规定，我也不太清楚，打个电话询问一下吧，省得到时候麻烦。

(打电话)

孙　雷：喂，是机场海关吗？我是和平饭店。请问携带文物、艺术品出境有什么规定吗？

工作人员：能告诉我具体是什么物品吗？

孙　雷：(对迈克尔) 您来吧。

迈克尔：两幅国画，三件瓷器。

工作人员：您是从哪儿买的？有正式发票吗？

迈克尔：国画是从琉璃厂荣宝斋买的，有发票。瓷器没有发票。

工作人员：国画凭发票可以带出。瓷器要经过文物部门鉴定后才能决定，而且一定要有发票，否则不能放行。

迈克尔：谢谢。(放下电话，对孙雷) 看来，这三件瓷器不能带了。麻烦您，暂时寄存在贵公司，可以吗？

孙　雷：没问题。请放心，我一定代您妥善保存好，等您下次来，再作处理。

生 词　New Words

1. 交验　　　（动）　　jiāoyàn　　to check
2. 指　　　　（动）　　zhǐ　　　　to refer to
3. 针织品　　（名）　　zhēnzhīpǐn　knit goods
4. 刺绣　　　（动）　　cìxiù　　　embroider embroidery
5. 工艺品　　（名）　　gōngyìpǐn　handiwork；handicraft
6. 体积　　　（名）　　tǐjī　　　　volume
7. 重量　　　（名）　　zhòngliàng　weight
8. 控制　　　（动）　　kòngzhì　　to control；to restrict
9. 托　　　　（动）　　tuō　　　　to ask；to entrust
10. 瓷器　　　（名）　　cíqì　　　　porcelain
11. 瓷瓶　　　（名）　　cípíng　　porcelain vase
12. 笔筒　　　（名）　　bǐtǒng　　pen container；brush pot
13. 笔洗　　　（名）　　bǐxǐ　　　writing-brush washer；small tray for washing brushes
14. 发票　　　（名）　　fāpiào　　receipt
15. 凭　　　　（动/介）　píng　　　to go by, to base on；according to
16. 鉴定　　　（动/名）　jiàndìng　to authenticate；to appraise；appraisal
17. 否则　　　（连）　　fǒuzé　　otherwise
18. 放行　　　（动）　　fàngxíng　to let sb. or sth. pass
19. 妥善　　　（形）　　tuǒshàn　proper；appropriate；well
20. 处理　　　（动/名）　chǔlǐ　　to handle；to deal with

专 名　Proper Nouns

1. 明清时代　　　Míng Qīng shídài　　the Ming and Qing dynasties
2. 齐白石　　　　Qí Báishí　　a famous Chinese painter
3. 潘天寿　　　　Pān Tiānshòu　　a famous Chinese painter
4. 潘家园　　　　Pānjiāyuán　　name of a place
5. 琉璃厂　　　　Liúlíchǎng　　a street in Beijing where, for several centuries, books, antiques,

6. 荣宝斋	Róngbǎozhāi	paintings, etc. have been sold a gallery in Liulichang which deals in traditional Chinese paintings and calligraphic works

注　释　Notes

1. 指

动词。表示"针对"的意思。是对上文的解释。如：

The verb 指 means "refer to" or "mean". It gives an explanation of the previous statement.

(1) 海关说的毒品，一般指的是海洛因。

(2) 他指的是超过规定的烟酒要上税。

2. 凭

介词。由"凭"组成的介词结构常作状语，表示动作、行为所依据的事物、条件，有"根据"、"依靠"的意思。如：

Prepositional constructions with 凭 often funtion as adverbial adjuncts to indicate the thing by which or the condition on which some action can be performed.

(1) 请凭票入场。

(2) 凭借书证可以借书。

3. 看来

插入语。表示根据客观情况进行估计。如：

看来 is used as a parenthesis to indicate estimation on the basis of objective facts.

(1) 看来，他又不能参加宴会了。

(2) 看来，我还得跟总经理谈谈。

4. ……，否则……

假设复句。连词"否则"用在后一分句的句首，表示"如果不是这样"的意思，多用于书面语。如：

This is a complex sentence of supposition in which the conjunction 否则, mostly used in written language, is placed at the beginning of the second clause. It means "otherwise".

(1) 他一定是有急事，否则不会给你打电话。

（2）进机场海关大厅一定要有机票，否则不让进。

5.……，省得……

目的复句。连词"省得"表示避免发生某种不希望的情况。用在后一分句的开头，主语往往省略。如：

In a complex sentence of purpose, the conjunction 省得 is used at the beginning of the second clause to mean "to avoid something undesirable", and the subject can often be omitted.

（1）我一到北京就给妈妈打电话，省得她不放心。

（2）请你顺便帮我买一本词典，省得我再跑一趟了。

练　习　Exercises

一、根据《会话3》的内容，回答下列问题：

Answer the following questions according to Dialogue 3：

1. 迈克尔先生要回国，需要办哪些手续？

2. 摄像机和电脑可以免税出关吗？

3. 迈克尔先生来北京后买的礼品可以带出去吗？

4. 来中国时，迈克尔先生的朋友托他做什么？

5. 迈克尔先生买的瓷器为什么不能带出境？

二、选择下列词语填空：

Fill in the blanks with appropriate words given below：

　　暂时、托运、托、鉴定、发票

1. 这个行李体积很大，一定要（　　　）。

2. 来中国时，朋友（　　　）我买几幅字画。

3. 古玩要经过文物部门（　　　），才能决定能不能带出。

4. 不是在商店买的，人家不给开（　　　）。

5. 这三件瓷器不能带了，（　　　）寄存在贵公司吧。

三、填写适当的词语：

Fill in the blanks with appropriate words：

1. 离境_____　　2. 托运_____　　3. _____美术

4. 妥善_____　　5. 鉴定_____　　6. _____发票

一、选择画横线字的正确读音：

Choose the right phonetic transcription of the underlined part：

1. 数量（shù/shǔ）　　2. 超过（guo/guò）　　3. 没收（méi/mò）

4. 讲究（jiù/jiu）　　5. 放行（xíng/háng）　　6. 买东西（xī/xi）

7. 不少（bú/bù）　　8. 处理（chǔ/chù）　　9. 转让（zhuǎn/zhuàn）

二、填写适当的量词：

Fill in the blanks with appropriate measure words：

　　幅、种、张、架/个、条

1. 这（　　）型号的汽车我国市场上也有。

2. 他买的那（　　）照相机是世界名牌。

3. 这（　　）香烟请您收下。

4. 这是一（　　）有名的中国画。

5. 这（　　）发票很重要，请您保存好。

三、填写适当的补语：

Fill in the blanks with appropriate complements：

　　一下、在、给、到、完

1. 您的签证手续办（　　）了。

2. 小姐，这三本词典我要了。请包（　　）。

3. 王经理，我的两个箱子寄存（　　）和平饭店，请多关照。

4. 昨天上班的时候，他交（　　）玛丽一封信。

5. 我们按照约定的时间来（　　）音乐厅。

四、整理句子：

Rearrange the given words into a sentence：

1. 是、我、谈、来、主要、次、生意、这、北京

2. 这、一、您、份、保存、好、一定、要、申报单、请

3. 中东、国家、阿拉伯、不、带、酒、准、入境

4. 携带、的、规定、有、专门、出境、文物、海关、对

5. 我、携带、水果、的、随身、没收、了、给、被、海关

五、用指定结构或词语改写句子：

Rewrite the following sentences with the given words or constructions:

1. 在中国买的字画和古玩要有正式发票，不然海关不能放行。（否则）

2. 有发票，国画可以带出去。（凭）

3. 有人说海关对旅客携带物品的限制放宽了许多。（听说）

4. 我对中国海关的有关规定比以前更清楚了。（多）

5. 服务员拿走了我房间的钥匙。（被动句）

六、思考题：

Questions for thinking：

1. 入境时，哪些物品需要申报？

2. 出境时，海关对哪类物品有限制？有什么具体要求？

第九单元 万事俱备，只欠东风

关键词语：价格　品质　惯例　条款　CIF
　　　　　　报价　佣金　折扣　有效　FOB

希望的表达方式

1. 我还想<u>了解</u>一下 CIF 价格。
2. <u>我希望</u>贵公司能在价格上给予优惠。
3. <u>麻烦您</u>空邮一部分剪样给我们总公司。
4. <u>请您</u>早一点答复我们。
5. 这种商品销售周期比较长，<u>希望</u>能给一定的折扣。
6. 张先生，黄豆和红豆的品质<u>请务必</u>确认。
7. 现在有个问题<u>想</u>与您协商一下。
8. 我们公司<u>打算</u>增加黄豆和红豆的订购数量。
9. 贵方按迪拜 CIF 报价，<u>好吗</u>？
10. 下次报盘中，<u>请</u>将理仓费也计算在内。

111

会 话 1

（北京纺织品进出口公司举行业务洽谈会，业务代表杜莲接待了来自加拿大的威廉先生）

威廉：我们公司打算订购一批纯毛地毯、丝绒挂毯、毛毯和棉织品。我们的询价单您看过了吧？

杜莲：看过了，今天我们可以当面商谈一下。

威廉：根据我们公司进口商品的惯例，要先了解一下商品的品质，然后凭样品买卖。

杜莲：好的，那我们现在就去样品陈列厅看一下吧。请！

（样品陈列厅里）

威廉：果然不错。品种齐全，款式新颖。请报一下纯毛地毯、丝绒挂毯、毛毯和棉纺24号、50号等几个品种的价格吧。

杜莲：纯毛地毯每块五百美元，丝绒挂毯每块七百美元，毛毯每块五十美元，棉纺24号每码十美元，棉纺50号每码十点五美元。

威廉：您的这个报价是 CIF 价格吗？

杜莲：不，是 FOB 价格。

威廉：很好。不过，我还想了解一下 CIF 价格。

杜莲：可以，请稍等，我打个电话。

威廉：好吧，请便。

（过了一会儿）

杜莲：噢，是这样的，货物到温哥华的 CIF，差不多是在 FOB 的基础上再加百分之十。

威廉：我希望贵公司能在价格上给予优惠。

杜莲：为了促进我们双方的贸易，价格方面我们有可能再降一点儿，但幅度不会太大。

威廉：你们这儿有商品的剪样吗？

杜莲：有，请看。

威廉：杜小姐，麻烦您空邮一部分剪样给我们总公司。

杜莲：可以，过一会儿我马上协助您办理。

威廉：谢谢。但是我要发一个电传给总公司，然后才能决定。

杜莲：好的。不过请您早一点答复我们。因为现在订单很多，我们的库存有限，不可能把货留得太久。

威廉：我明白。我想用不了多久，总公司就会答复的。

杜莲：今天谈得不错，还有什么问题吗，威廉先生？

威廉：没有什么了。等总公司的回电一到，就可以签合同了。

杜莲：现在是"万事俱备，只欠东风"了，我马上准备剪样尽快寄出去。

威廉：好，让您受累了。

生　词　New Words

1.	来自	（动）	láizì	to come from; be from
2.	羊毛	（名）	yángmáo	wool
3.	地毯	（名）	dìtǎn	carpet
4.	丝绒	（名）	sīróng	velvet
5.	挂毯	（名）	guàtǎn	tapestry
6.	毛毯	（名）	máotǎn	woolen blanket
7.	询价单	（名）	xúnjiàdān	inquiry of prices
8.	惯例	（名）	guànlì	usual practice; convention
9.	品质	（名）	pǐnzhì	quality
10.	FOB			free on board
11.	码	（量）	mǎ	yard
12.	CIF			cost, insurance and freight
13.	稍	（副）	shāo	a little
14.	给予	（动）	jǐyǔ	to give
15.	降	（动）	jiàng	to reduce; to fall
16.	协助	（动）	xiézhù	to help; to assist
17.	剪样	（名）	jiǎnyàng	sample cutting
18.	电传	（名）	diànchuán	fax
19.	库存	（名）	kùcún	stock; reserve
20.	有限	（形）	yǒuxiàn	limited
21.	答复	（动/名）	dáfù	to reply; reply

专　名　Proper Nouns

1. 北京纺织品进出口公司	Běijīng Fǎngzhīpǐn Jìnchūkǒu Gōngsī	
	Beijing Texile Import and Export Corperation	
2. 杜莲	Dù Lián	name of a person
3. 加拿大	Jiānádà	Canada
4. 威廉	Wēilián	William
5. 温哥华	Wēngēhuá	Vancouver

注 释 Notes

1. 自

介词。表示事物的来源或处所。用在 "动词 + 自 + 名词/名词短语" 的结构中，作介词短语补语。动词多为单音节。如：

The preposition 自, used as a complement in the construction "verb + 自 + noun/noun phrase", shows the source or location of something. The verbs are chiefly monosyllabic.

(1) 我介绍一下，这位是我的朋友马克，来自加拿大。

(2) 展览会上的茶叶产自我国南方的浙江、福建一带。

2. 当面

离合词。意思是 "在面前" 或 "面对面"（做某事）。如：

The seperable word 当面 means "（do something）in somebody's presence or face to face".

(1) 这是两万元钱，请您当面数一数，别错了。

(2) 明天见到阿里时，我要当你的面告诉他那件事。

3. 果然

副词。表示事实与所说或所料相符，可用在谓语动词、形容词前，也可用在主语前。如：

The adverb 果然, used before the predicate or subject, indicates something happened as expected or stated.

(1) 按照医生说的办法治疗，他的病果然好了。

(2) 大家都说他的护照不会丢，今天果然在宿舍里找到了。

4. 在……基础上

固定格式。表示递进的条件，用在动词或主语前。如：

This pattern is used before a verb or the subject to indicate the condition upon which something goes further.

(1) 在保证质量的基础上，降低产品的成本。

(2) 在学好汉语的基础上，我还要进一步了解中国的历史和经济。

5. 给予

动词。宾语为双音节动名词。前面常用助动词或 "一定" "务必" 等副词。受动者要放在"给予"前面，多用于书面语。如：

The verb 给予, mostly used in written language, must take bisyllabic nominals as its object. It is often preceded by auxiliary verbs or adverbs such as 一定 and 务必, and the recipient of the action should be mentioned before 给予.

(1) 我刚到北京，各方面都不熟悉，请贵公司给予帮助。

(2) 我的朋友汉语水平不高，生活上请您给予照顾。

6. 万事俱备，只欠东风

成语。出自《三国演义》。诸葛亮与周瑜联合用火攻打曹操水军，一切都已准备好，就缺少东风助火，诸葛亮便设台借东风。以此比喻一切都已齐备，只缺少一个必要的条件。

This idiom is taken from the Chinese famous classical novel *The Romance of the Three Kingdoms*. Zhuge Liang of the Kingdom of Shu combines with Zhou Yu of the Kindom of Wu to launch fire attack against the army of the Kingdom of Wei. All is ready except the east wind to speed the fire, so Zhuge Liang builds an altar to call forth the east wind. The idiom 万事俱备，只欠东风 is used metaphorically to mean that all is ready except what is crucial.

(1) 计划已经定好，现在是万事俱备，只欠东风，等结婚手续一办，他们就可以旅行结婚了。

(2) 公司目前万事俱备，只欠东风，一拿到营业执照就可以办公了。

练 习 Exercises

一、根据《会话1》的内容回答问题：

Answer the following questions according to Dialogue 1：

1. 威廉先生打算订购什么产品？

2. 外商进口商品的惯例是什么？

3. 威廉先生对陈列厅里的样品感觉如何？

4. 在价格上，威廉先生提出了什么要求？

5. 杜莲小姐为什么希望威廉先生早点答复？

二、选择下列词语填空：

Fill in the blanks with appropriate words given below：

果然、凭、给予、根据、亲自

1. 我有一个重要的问题，想（　　）跟王经理谈一下。
2. （　　）海关规定，每位来华的游客只能免税携带两瓶酒。
3. 您说的不错，这种苹果（　　）很好吃，我买了三斤。
4. 威廉先生不会说汉语，我们要在生活上（　　）适当的照顾。
5. 杜小姐来公司已经五年了，（　　）她的经验，一定能处理好这件事。

三、填写适当的词语：

Fill in the blanks with appropriate words:

1. 举行＿＿＿＿＿＿　　2. 根据＿＿＿＿＿＿　　3. 给以＿＿＿＿＿＿

4. 协助＿＿＿＿＿＿　　5. 库存＿＿＿＿＿＿　　6. 促进＿＿＿＿＿＿

会　话　2

（穆萨先生想从中国进口一批红茶，正在跟上海进出口公司的业务代表李江商谈）

李江：穆萨先生，最近几天刮风，天气忽然冷起来了，得多加点衣服。

穆萨：多谢关心。请问李先生，你们报价单上的价格是以什么为准？

李江：当然是以国际市场的价格为准了。

穆萨：对不起，我的意思是以现货价格为准还是以期货价格为准？

李江：噢，是以现货价格为准。

穆萨：那报价单上报的是 FOB 价吗？

李江：不，报的是 CIF 价。

穆萨：我们希望能报一下 FOB 价。

李江：那请看我今天带来的这份报价单吧。

穆萨：谢谢，那理仓费是否包括在内？

李江：根据国际上的惯例是不包括的。

穆萨：佣金呢？

李江：我们公司通常是不给佣金的，除非你们的订单量很大，我们在签订具体条款时才考虑。

穆萨：看起来，这个问题还要好好协商一下。另外这种商品销售周期比较长，希望能给一定的折扣。

李江：根据以往出口这种商品的惯例，我们一般是不给折扣的。

穆萨：那么，交货日期呢？

李江：12 月下旬交货怎么样？

穆萨：可以，您的报价有效期是……

李江：三天，请您在 10 月 31 日下午 5 点前回复。

穆萨：我们将尽快研究你们的报价。请问贵公司的电传号码没有变化吧？

李江：没有。

穆萨：谢谢，今天我们暂时谈到这里吧。

李江：好，明天见！

生　词　New Words

1. 红茶　　　（名）　　hóngchá　　　black tea
2. 误会　　　（动/名）　wùhuì　　　misunderstand; misunderstanding
3. 现货　　　（名）　　xiànhuò　　　spot goods; spot cargo
4. 期货　　　（名）　　qīhuò　　　futures
5. 成交价　　（名）　　chéngjiāojià　transaction price
6. 理仓费　　（名）　　lǐcāngfèi　　stowage charges
7. 包括　　　（动）　　bāokuò　　　to include; to cover
8. 通常　　　（形）　　tōngcháng　　usual
9. 佣金　　　（名）　　yòngjīn　　　commission
10. 除非　　　（连）　　chúfēi　　　unless
11. 条款　　　（名）　　tiáokuǎn　　term; article
12. 另外　　　（形）　　lìngwài　　　moreover; besides
13. 折扣　　　（名）　　zhékòu　　　discount
14. 以往　　　（名）　　yǐwǎng　　　in the past; before
15. 有效期　　（名）　　yǒuxiàoqī　　validity
16. 回复　　　（动）　　huífù　　　to reply
17. 将　　　　（副）　　jiāng　　　will

专　名　Proper Nouns

1. 穆萨　　　　　　Mùsà　　　name of a person
2. 上海进出口公司　Shànghǎi Jìnchūkǒu Gōngsī

　　　　　　　　　Shanghai Import and Export Corperation
3. 李江　　　　　　Lǐ Jiāng　　name of a person

注 释 Notes

1. 除非……才……

条件复句。表示一定要这样，才能产生某种结果。如：

除非……才…… is used in complex sentences of condition to express the only condition upon which a certain result occurs.

（1）除非你去，他才去。

（2）除非我们双方都同意，才能签这个合同。

2. 以往

名词。表示"以前"、"过去"的意思。可作定语、状语，也可与介词连用。如：

以往 is a noun meaning "before" or "in the past". It can function as an attributive or an adverbial adjunct as well as following a preposition.

（1）以往的产量不大。

（2）这类产品比以往多起来了。

3. 动词/形容词 + 起来

复合趋向补语的引申用法。用在形容词或动词后，作补语，表示一种状态在开始发展，程度在继续加深。如：

This is an extended usage of compound directional complement. It serves as a complement after adjectives or verbs to indicate the beginning and continuation of an action or state of things as well as the heightening of degree.

（1）他的身体一天天好起来。

（2）快要开展销会了，他的工作忙起来了。

4. 得（děi）

助动词。表示情理上、事实上或意志上的需要、应该、必须，多用于口语。如：

得 here is an auxiliary verb meaning "should", "must" or "need". It is chiefly used in spoken Chinese.

（1）你得快点，要不就晚了。

（2）这种规格的毛毯至少得四十美元一条。

（3）这件事很重要，你得亲自去才行。

118

练 习 Exercises

一、根据《会话 2》的内容回答下列问题：

Answer the following questions according to Dialogue 2：

1. 穆萨先生打算谈什么生意？

2. 李江报的是什么价格？

3. 穆萨要求对方报的是什么价？

4. 穆萨在询问价格时，对哪些问题很关心？

5. 中方的报价有效期是多长时间？

二、选择下列词语填空：

Fill in the blanks with appropriate words given below：

得、惯例、看起来、以往、除非

1. 有些事情还没办完，（　　　）我还要过几天才能回去。

2. 我明天不打算去办公室了，（　　　）公司开会，我才去。

3. 这个问题，我和你意见不同，（　　　）好好谈谈。

4. 现在，他的身体比（　　　）任何时候都好。

5. 按以往（　　　），佣金是不包括在内的。

三、填写适当的词语：

Fill in the blanks with appropriate words：

1. 包括_____ 2. _____市场 3. _____价格

4. 根据_____ 5. _____条款 6. _____期

会 话 3

（阿联酋的客商哈桑，按约定的时间来到粮油进出口公司，跟叶同洽谈黄豆、红豆和芸豆的进口业务）

叶同：哈桑先生，请坐。贵公司的询价单我们已经收到了。

哈桑：谢谢，我很想知道贵公司的报盘。

叶同：好。我们的报价是：黄豆每公吨五百五十美元，红豆每公吨六百美元，芸豆每公吨五百六十美元。

哈桑：根据我国进口这类商品的惯例，分现货和期货两种价格，您报的是哪种?

叶同: 我们是根据贵公司询价单中要求的各五百公吨的数量, 按现货报价的。

哈桑: 请问, 装运港是大连吗?

叶同: 不, 是天津的塘沽港。

哈桑: 目的港呢? 是阿布扎比吗?

叶同: 不, 是迪拜。

哈桑: 那这个报价一定是天津塘沽港的 FOB 价了?

叶同: 对。

哈桑: 佣金是否包括在内?

叶同: 是的, 其中包含百分之二的佣金。

哈桑: 叶先生, 黄豆、红豆和芸豆的品质请务必确认, 这直接关系到我们公司的信誉。

叶同: 这方面请放心。都是我国黑龙江省的特产, 质量绝对上乘。

哈桑: 但愿如此。叶先生, 还有个问题想与您协商一下。

叶同: 请尽管讲, 别客气。

哈桑: 我们公司打算增加黄豆和红豆的订购数量。

叶同: 增加多少?

哈桑: 各增加一千公吨。

叶同: 看起来有些困难。

哈桑: 这有什么困难? 改一下数字不就行了?

叶同: 说起来容易, 做起来难哪。我们接受的订单太多了。

哈桑: 那还有什么解决的办法吗?

叶同: 噢, 要是延长交货时间, 我们还可以办到。

哈桑: 这倒是个办法。还有, 贵方按迪拜 CIF 报价, 好吗?

叶同: 可以。具体的交货日期怎么定?

哈桑: 这个问题我马上跟总公司联系一下。对了, 下次报盘中, 请将理仓费也计算在内。

叶同: 没问题。

生 词 New Words

1. 黄豆	(名)	huángdòu	soybean
2. 红豆	(名)	hóngdòu	red bean
3. 芸豆	(名)	yúndòu	kidney bean

120

4. 报盘		bào pán	to offer
5. 公吨	（量）	gōngdūn	metric ton
6. 装运港	（名）	zhuāngyùngǎng	port of shipment
7. 目的港	（名）	mùdìgǎng	port of destination
8. 确认	（动）	quèrèn	to confirm
9. 特产	（名）	tèchǎn	special local product
10. 但愿如此		dàn yuàn rú cǐ	Let's hope so.

专 名 Proper Nouns

1. 阿联酋　　　　Āliánqiú　　　　　the United Arab Emirates

2. 哈桑　　　　　Hāsāng　　　　　　Hasan

3. 粮油进出口公司　Liángyóu Jìnchūkǒu Gōngsī
　　　　　　　　　Cereals and Oils Import and Export Corporation

4. 叶同　　　　　Yè Tóng　　　　　name of a person

5. 大连　　　　　Dàlián　　　　　　a city in Northeast China

6. 天津　　　　　Tiānjīn　　　　　　a city in North China

7. 塘沽　　　　　Tánggū　　　　　　a city in North China

8. 阿布扎比　　　Ābùzhābǐ　　　　　Abu Dhabi

9. 迪拜　　　　　Díbài　　　　　　　Dubai

10. 黑龙江省　　　Hēilóngjiāng Shěng　a province in Northeast China

注 释 Notes

1. 务必

副词。表示态度坚决；必须、一定要。含有强调、恳请的语气成分。如：

务必 is an adverb meaning "must". It expresses a determined attitude and implies an emphatic tone and earnest request.

(1) 今晚的招待会是总经理特意为你安排的，请务必出席。

(2) 明天的会很重要，请您务必准时参加。

2. 绝对

形容词。表示"完全、一定"的意思。口语中常用来加强语气。如：

绝对, an adjective meaning "absolute", often occurs in spoken Chinese for emphasis.

(1) 按我说的方向走，绝对没错儿。

(2) 他说的这个道理，绝对正确。

3. 但愿如此

习用语。表示希望这样。如：

但愿如此 is an idiomatic expression meaning "Let's hope so."

(1) A：希望我们的谈判能够顺利进行。

　　B：但愿如此。

(2) A：明天我们出门旅行，希望不要下雨。

　　B：但愿如此。

有时"但愿"用于表示"希望"或"祝愿"的句首。如：

但愿 can be used at the beginning of a sentence to express wishes.

(1) 但愿双方的洽谈能够取得圆满结果。

(2) 但愿他一切顺利!

(3) 但愿他考试成功!

4. 看起来

插入语。表示估计或着眼于某一方面的意思。如：

看起来 is a parenthesis that expresses an estimation or judgement considering one aspect of the thing in question.

(1) 天阴了，看起来，今晚可能有雨。

(2) 看起来，他的身体还不错。

练 习 Exercises

一、根据《会话3》的内容回答问题：

Answer the following questions according to Dialogue 3：

1. 哈桑先生要求叶同按什么价格报价?

2. 货物的装运港在哪儿? 目的港呢?

3. 报价包括佣金吗? 佣金是多少?

4. 哈桑订购的豆类产地在哪儿? 质量怎么样?

5. 哈桑后来又有什么要求? 怎么解决的?

122

二、选择适当的词语填空：

Fill in the blanks with appropriate words given below：

　　　　但愿、起来、绝对、务必、看起来

1. 大家都想跟您见面，明天的会请您（　　　）参加。

2. 这件衣服款式新颖，颜色又好，您穿（　　　）漂亮。

3. （　　　）明天是个好天气，大家多照几张像。

4. 天阴了，（　　　）要下雨。

5. 出席今天招待会的人很多，老朋友一见面就高兴地谈（　　　）。

三、填写适当的词语：

Fill in the blanks with appropriate words：

1. 务必＿＿＿＿＿　2. 质量＿＿＿＿＿　3. 但愿＿＿＿＿＿

4. 争取＿＿＿＿＿　5. 计算＿＿＿＿＿　6. 延长＿＿＿＿＿

综合练习　Comprehensive Exercises

一、选择画横线字的正确读音：

Choose the right phonetic transcription of the underlined part：

1. 尽管（jǐn/jìn）　　2. 当面（dàng/dāng）　　3. 种类（zhòng/zhǒng）

4. 尽力（jǐn/jìn）　　5. 供应（yìng/yīng）　　6. 订购（dìng/dīng）

7. 目的港（dì/de）　　8. 佣金（yōng/yòng）　　9. 电传（chuán/zhuàn）

二、填写适当的量词：

Fill in the blanks with appropriate measure words：

　　　　公吨、种、批、码、个

1. 威廉先生想从中国进口一（　　　）纯羊毛地毯。

2. 你能否给我一（　　　）具体的答复？

3. 我们的报价，每（　　　）五百五十美元。

4. 棉纺 50 号每（　　　）十点五美元。

5. 根据进口这类产品的惯例，分现货和期货两（　　　）价格。

三、填写适当的助词：

Fill in the blanks with appropriate particles：

了、着、过、的、所

1. 贵方（　　）报的价格包不包括理仓费？

2. 约定（　　）时间已经到了，怎么还不见人呢？

3. 这种纯毛地毯，我们去年进口（　　）了。

4. 我们等一下吧，双方正谈（　　）呢。

5. 这个问题，问一下张经理就行（　　）。

四、整理句子：

Rearrange the given words into a sentence：

1. 里、不错、的、品种、质量、齐全、陈列厅、样品

2. 一会儿、协助、我、过、您、马上、办理

3. 约翰、加拿大、来、自、先生、想、的、棉毛织品、一批、进口

4. 尽管、客气、有话、讲、别、请

5. 变化、电传、公司、贵、号码、有、的、吗

五、用指定结构或词语改写句子：

Rewrite the following sentences with the given words or constructions：

1. 我们公司的惯例是先看一下商品的样品，然后进行买卖。（凭）

2. 只有在你们订购数量很大时，我们公司才考虑给佣金。（除非……才……）

3. 报价单上的价格是国际市场上的价格吗？（以……为准）

4. 报价中有没有理仓费？（包括）

5. 我们有可能降低一点儿价格，是因为考虑到促进我们双方的贸易关系。（为了）

六、思考题：

Questions for thinking：

1. 按国际惯例，进出口商品时都有哪些习惯做法？

2. 在洽谈价格时，哪些因素与报价有关？

124

第十单元　有调查，才有发言权

关键词语：还价　竞争　保持　利润　原料
上涨　畅销　淡季　承担　CFR

争论的表达方式

1. 其实一点也不高。坦率地说，如果不是考虑到双方的友好关系，我们不会以这么优惠的价格报盘。

2. 现在的报价比我去年向贵公司订购的同类产品贵了10%，怎么能说不高呢？

3. 此类产品的原料价格一年来上涨了近15%，您说成本能不提高吗？

4. 如果按这个价格买进，就没有什么利润了，还谈得上什么竞争力呢？

5. 我们的报价在国际市场上还是偏低的，不能说没有竞争力。

6. 我不能同意您的说法，我们的报价是有根据的。

7. 要是我们以这种价格买进，恐怕难以在我们国内市场上销售。

8. 质量不一样，价格也不会一样。您还得注意产品的质量呀。

9. 如果不是考虑到我们双方多年的友好合作关系，我们是不会以现在这样的优惠价格报盘的。

10. 这肯定不行。要是您实在觉得价格不合适，也不要勉强。

会 话 1

（中国新世纪公司的业务代表江丰正在接待罗伯特先生）

江　丰：罗伯特先生，童装、玩具的样品您已经看过了，印象怎么样？

罗伯特：款式、质量还不错，但坦率地讲，规格、种类少了点儿。一般来说，进口这类商品我们是凭规格买卖的。

江　丰：这个不成问题，只要贵公司打算订购，我们可以按您提出的要求跟厂家协商生产。

罗伯特：这样再好不过了。我们打算订购一批1～14号的童装，还有绒毛动物玩具。这是我们的询价单。

江　丰：为了便于我们报价，您能否说明订购的数量。

罗伯特：只要规格齐全，我们打算订购3万至5万套。

江　丰：那好吧，今天下午两点半，我向您报价，怎么样？

罗伯特：好，那我们谈其他问题吧。

（下午，罗伯特按约定的时间来到新世纪公司的会议室）

江　丰：这是我们的报价单，请过目。

罗伯特：好，请问你们报的价格是CFR旧金山的最低价吗？

江　丰：不，是CIF旧金山的优惠价。

罗伯特：这是参考价格还是成交价格？

江　丰：成交价格。

罗伯特：那理舱费应该包括在内了？

江　丰：包括，而且还包含2%的佣金。

罗伯特：江丰先生，服装这种商品季节性强，在销售淡季进货是很不利的，能否给一定的折扣？

江　丰：根据我们公司以往的惯例，一般是不给折扣的。

罗伯特：特殊情况嘛，少给一点，2%可以吗？

江　丰：那好吧，考虑到今后的合作，我们让一步，给1%的折扣。

罗伯特：请问，您的报盘有效期是几天？

江　丰：5天。也就是说10月28日下午5点半以前一定要答复。

罗伯特：好，我马上跟总公司联系，然后给您回信。

江　丰：好吧，我期待着您的好消息。

生 词 New Words

1. 童装 （名） tóngzhuāng children's clothes
2. 玩具 （名） wánjù toy
3. 款式 （名） kuǎnshì pattern; style
4. 坦率 （形） tǎnshuài frank
5. 绒毛 （名） róngmáo fine hair; down
6. 便于 （动） biànyú easy to; convenient for
7. 过目 （离） guò mù to look over so as to check or approve
8. CFR cost and freight
9. 淡季 （名） dànjì slack season
10. 特殊 （形） tèshū special
11. 让步 （离） ràng bù to concede
12. 期待 （动） qīdài to look forward to

专 名 Proper Nouns

1. 江丰 Jiāng Fēng name of a person
2. 新世纪公司 Xīn Shìjì Gōngsī name of a company
3. 旧金山 Jiùjīnshān San Francisco

注 释 Notes

1. 不成问题

习惯用语。强调肯定，表示对一件事很有把握，没有任何困难和障碍。

如：

This idiomatic expression means "no problem or out of question".

(1) A：这个箱子很重，你一个人能拿动吗？

B：这不成问题，放心吧。

(2) A：这封信麻烦你带给王教授，行吗？

B：不成问题，一定带到。

2. 便于

动词。意思指比较容易做某事。如：

便于 is a verb meaning "easy to do something".

(1) 电话号码记在小本上便于查找。

(2) 这些东西用一个箱子装便于携带。

3. 过目

离合词。表示"看一遍"。含有请求审核的意思。如：

过目 means "look over (papers, lists, etc.) so as to check or approve".

(1) 名单已经写好，请您过目。

(2) 这是订好的合同，您要不要过一下目？

4. ……性

名词后缀。表示事物的某种性质和性能。如：

性 is a noun suffix indicating quality or feature.

(1) 这种商品是一次性降价。

(2) 这是他一个人的问题，没有代表性。

5. 让步

离合词。意思是指在争执中部分地或全部地放弃自己的意见与利益。如：

The seperable word 让步 means "concede", that is, "partially or completely give up one's opinion or benefit in a negotiation or an argument".

(1) 为了合作成功，有时在谈判中需要双方都让一下儿步。

(2) 我认为，如果我们让步了，对方会提出新的要求。

练 习 Exercises

一、根据《会话1》的内容，回答下列问题：

Answer the following questions according to Dialogue 1：

1. 罗伯特看过的样品是什么？

2. 罗伯特对什么满意？对什么不满意？

3. 江丰为什么让罗伯特说明订购的数量？

4. 江丰报的是什么价格？

5. 中方报盘有效期是几天？

128

二、选择下列词语填空：

Fill in the blanks with appropriate words given below:

协商、合作、过目、以往、订购

1. 根据我们公司（　　）的惯例，一般是不给折扣的。

2. 考虑到今后的（　　），我们让一步。

3. 你能否说明（　　）的数量。

4. 我们可以按您的要求跟厂家（　　）。

5. 这是我们的报价单，请约翰先生（　　）。

三、填写适当的词语：

Fill in the blanks with appropriate words:

1. ＿＿＿＿＿＿齐全　2. ＿＿＿＿＿＿价格　3. 特殊＿＿＿＿＿＿

4. ＿＿＿＿＿＿淡季　5. ＿＿＿＿＿＿玩具　6. 便于＿＿＿＿＿＿

会 话 2

（突尼斯客商阿里先生与华梦纺织品公司业务代表肖宏商谈丝绸的进口业务）

肖宏：阿里先生，对于我们这一次的报价，您觉得怎么样？

阿里：昨天贵公司的报盘我又仔细地研究了一遍，觉得价格还是偏高。

肖宏：其实一点也不高。坦率地说，如果不是考虑到双方的友好关系，我们不会以这么优惠的价格报盘。

阿里：现在的报价比我去年向贵公司订购的同类产品贵了10%，怎么能说不高呢？

肖宏：有些情况，您可能还不太了解。

阿里：是吗？请讲讲看。

肖宏：这类产品的原料价格一年来上涨了近15%，您说成本能不提高吗？

阿里：这个，我没有调查，没有发言权。但去年我们成交的价格的确比您现在的报价低。

肖宏：事实上，我们双方去年成交后一个月，产品的原料价格开始上涨，直到现在仍保持在很高的水平上。

阿里：如果按这个价格买进，就没有什么利润了，更谈不上什么竞争力了。

肖宏：阿里先生，您是知道的，原料价格上涨后，为了保持我们公司此类产品在国际市场上的竞争力，公司已经降低了自己的利润。应该说，我们的报价在国际市场上还是偏低的，不能说没有竞争力。

阿里：我还是诚恳地希望贵公司能考虑我们双方的利益，降低你们的报价。

肖宏：阿里先生，这是我方的最低价格，不能再让了。

阿里：肖先生，您看，在原有报价的基础上再降低3%怎么样？

肖宏：您的还价太低了，要是按您的价格售出，恐怕连成本都不够。

阿里：为了使我们的合作能够成功，双方都应该做出最大的努力。我们的还价最高只能提到报价的98%。

肖宏：这样吧，考虑到阿里先生的诚意和我们今后的合作关系，我们给1%的折扣。

阿里：好吧，我接受了。

肖宏：那好，我们明天就按这个价格签合同。

阿里：好，一言为定！

肖宏：一言为定！

生　词　New Words

1. 原料	（名）	yuánliào	raw material
2. 上涨	（动）	shàngzhǎng	to rise; to go up
3. 调查	（动/名）	diàochá	to investigate; investigation
4. 发言权	（名）	fāyánquán	right to speak; say in sth.
5. 利润	（名）	lìrùn	profit
6. 诚恳	（形）	chéngkěn	sincere; earnest
7. 还价	（离）	huán jià	to bargain; counteroffer
8. 诚意	（名）	chéngyì	sincerity
9. 余地	（名）	yúdì	leeway; margin

专　名　Proper Nouns

1. 突尼斯	Tūnísī	Tunisia
2. 阿里	Ālǐ	Ali
3. 华梦公司	Huámèng Gōngsī	name of a company
4. 肖宏	Xiāo Hóng	name of a person

注　释　Notes

1. 对于

介词。表示对待关系，常用在句首，介绍出有关系的人或物。如：

对于 is a preposition that is often used at the beginning of a sentence to introduce people or things concerned.

(1) 对于我们的安排，先生满意吗？

(2) 对于这次谈判，不知道您有什么想法？

2. 偏

形容词。意思是"倾向于"。如：

偏 is an adjective meaning "inclined to one side".

(1) 这几天温度偏低。

(2) 他的汉语水平是中等偏下。

3. ……也＋没/不……

固定结构。副词"也"常与"没"或"不"连用，加强否定的语气。如：

The adverb 也 is often used in conjunction with 没 or 不 to emphasize negation.

(1) 这个单位的人我一个也不认识。

(2) 这个情况我一点也不知道。

(3) 这种会议我一次也没参加过。

4. 怎么……呢？

反问句。不需要回答。它的肯定形式表示强调否定，否定形式表示强调肯定。如：

This is a rhetorical question that needs no answer. The affirmative form emphasizes negative meaning while the negative form affirmative meaning.

(1) 朋友走，我怎么能不送呢？

(2) 明天谈判，我今天怎么能不准备呢？

(3) 今天没达成协议，他怎么能高兴呢？

5. 谈不上

可能补语。表示客观条件不容许实现某种结果。有时也可以委婉地表示否定的意思。肯定式是"谈得上"。如：

131

This is a complement of potentiality which indicates that a certain result is not obtainable under the circumstances. It can also express a negative meaning in a mild tone. The affirmative form is 谈得上.

(1) 这只是我的一点看法，谈不上经验。

(2) 他自己一点儿也不努力，这样下去谈得上什么进步呢？

练 习 Exercises

一、根据《会话2》的内容，回答下列问题：

Answer the following questions according to Dialogue 2：

1. 阿里与肖宏在价格上意见一样吗？

2. 肖宏报价偏高的原因是什么？

3. 去年的成交价为什么比现在的报价低？

4. 为什么中方不同意阿里的还价？

5. 双方最后按什么价格成交？

二、选择下列词语填空：

Fill in the blanks with appropriate words given below：

努力、调查、对于、优惠、报价

1. （   ） 这一次报价，你觉得怎么样？

2. 我们不会以这么 （   ） 的价格报盘。

3. 我没有 （   ），没有发言权。

4. 我们的 （   ） 在国际市场上是偏低的。

5. 这是我能做的最大 （   ） 了。

三、填写适当的词语：

Fill in the blanks with appropriate words：

1. 同类_____   2. _____价格   3. _____利润

4. 竞争_____   5. _____偏高   6. _____偏低

会 话 3

（应中国纺织品进出口公司的邀请，澳大利亚环球公司的泰德先生前来洽谈丝织品的进口业务）

郑新：泰德先生，我刚才向您介绍的几种丝巾和其他丝制品，不但质量好，而且图案都是新设计的。一上市，肯定畅销。

泰德：谢谢您的介绍。请问您的报价是 CFR 还是 CIF?

郑新：我们报盘的价格是 CFR 悉尼的优惠价。

泰德：我觉得您的报价太高了。

郑新：我不能同意您的说法，我们的报价是有根据的。

泰德：在同类产品中，今年的报价比去年的高了 20%，要是我们以这种价格买进，恐怕难以在国内市场上销售。

郑新：您可能已经注意到了，目前生丝的价格眼看着一天天上涨，跟国际市场的价格相比，应该说我们的报价还是较低的。

泰德：坦率地说，你们的报价比其他公司的要高一些。

郑新：质量不一样，价格也不会一样。您还得注意产品的质量呀。

泰德：的确，贵公司的产品质量是上乘的，但韩国和日本产的丝制品质量也是一流的，他们的产品也很有竞争力。

郑新：我也实话实说，如果不是考虑到我们双方多年的友好合作关系，我们是不会以这样的价格报盘的。

泰德：根据我方对欧美市场的了解，您现在报的价格我很难接受。我提一个方案，您看如何？

郑新：请讲。

泰德：为了保证我们双方的利益，我建议各让一步，怎么样？

郑新：怎么让步？

泰德：在您今天报价的基础上降低六个百分点，怎么样？

郑新：这肯定不行。原料上涨，我们产品的成本提高了，利润已经下降了很多。要是您实在觉得价格不合适，也不要勉强。咱们买卖不成情义在嘛。

泰德：那好，咱们各承担一半。降低三个百分点，这下儿总行了吧？

郑新：好吧，考虑到您对成交这项生意的诚意，我接受了。

泰德：好，一言为定。那我们什么时候签合同？

郑新：今天时间来不及了，明天上午吧。

泰德：行，明天见！

生　词　New Words

1. 图案　　　　（名）　　　tú'àn　　　pattern; design

133

2. 上市	（离）	shàng shì	to go (appear) on the market
3. 恐怕	（副）	kǒngpà	I'm afraid
4. 难以	（副）	nányǐ	hard to
5. 生丝	（名）	shēngsī	raw silk
6. 一流	（名）	yīliú	first-class
7. 方案	（名）	fāng'àn	scheme; plan
8. 保证	（动/名）	bǎozhèng	to ensure
9. 百分点	（名）	bǎifēndiǎn	percentage point
10. 承担	（动）	chéngdān	to bear; to assume
11. 勉强	（形/动）	miǎnqiǎng	reluctant

专名 Proper Nouns

1. 中国纺织品进出口公司　　Zhōngguó Fǎngzhīpǐn Jìnchūkǒu Gōngsī

China National Textile Import and Export Cor-
peration

2. 澳大利亚环球公司　　Àodàlìyà Huánqiú Gōngsī

name of an Australian company

3. 泰德　　Tàidé　　Ted

4. 郑新　　Zhèng Xīn　name of a person

5. 悉尼　　Xīní　　Sydney

6. 韩国　　Hánguó　　Korea

注 释 Notes

1. 再……不过了

固定格式。表示程度极高。如：

This pattern shows a very high degree.

(1) 坐飞机去广州，再好不过了。

(2) 睡觉前洗个澡，再舒服不过了。

2. 难以

副词。表示"不易于、不容易"的意思。如：

This is an adverb meaning "difficult to do something".

134

（1）这个价格我们难以接受。

（2）那儿的风景美得难以形容。

3. 眼看

动词。指出正在发生的情况。常带"着"，没有否定式。后面一定要带一个句子作宾语。如：

眼看, whose object must be a subject-predicate construction, refers to something in progress. 着 is often attached to 眼看 and there is no negative form for it.

（1）眼看着那座楼一天比一天高。

（2）我们迟到了一步，眼看着汽车开走了。

4. 一分钱一分货

俗语。表示价钱跟质量成正比，价钱越高，质量越好的意思。

This common saying means that the price is in proportion to the quality, that is, the higher the price, the better the quality.

（1）这是名牌服装，做工精良，价格自然要贵一些，一分钱一分货嘛。

（2）一分钱一分货，名牌手表的质量就是好。

5. 动词 + 下去

复合趋向补语的引申用法。表示动作的继续。如：

This is an extended usage of compound directional complement indicating the continuation of an action.

（1）我对这个话题有兴趣，请你说下去。

（2）我们的谈判今天还没谈完，明天还得谈下去。

6. 总

副词。表示经推测、估计而得出肯定的结论，常与"该"连用，句尾有时用"吧"。如：

The adverb 总, often used in conjunction with 该, indicates the affirmative conclusion drawn through conjecture or estimation. 吧 is sometimes used at the end of the sentence.

（1）明天回国，今天总该早点儿睡吧？

（2）买东西总该货比三家吧？

练 习 Exercises

一、根据《会话 3》的内容，回答下列问题：

Answer the following questions according to Dialogue 3：

1. 郑新为什么说他介绍的丝巾和丝织品"一上市，肯定畅销"？

2. 中方今年的报价比去年的高了多少？

3. 泰德为什么不能接受中方的报价？

4. 质量和价格相比，哪个更重要？

5. 最后双方是在什么情况下同意签合同的？

二、选择下列词语填空：

Fill in the blanks with appropriate words given below：

接受、质量、勉强、根据、竞争

1. 我们的报价是有（　　）的。

2. 贵公司的产品（　　）是上乘的。

3. 他们的产品也有（　　）力。

4. 你现在的报价，我难以（　　）。

5. 要是您实在觉得价格不合适，也不要（　　）。

三、填写适当的词语：

Fill in the blanks with appropriate words：

1. ＿＿＿＿＿＿销售　2. ＿＿＿＿＿＿上涨　3. 质量＿＿＿＿＿＿

4. ＿＿＿＿＿＿努力　5. ＿＿＿＿＿＿下降　6. 承担＿＿＿＿＿＿

综合练习　Comprehensive Exercises

一、选择画横线字的正确读音：

Choose the right phonetic transcription of the underlined part：

1. 一流（yī/yì）　　　2. 坦率（shuài/lǜ）　　3. 上涨（zhàng/zhǎng）

4. 设计（ji/jì）　　　5. 利率（shuài/lǜ）　　　6. 方便（biàn/pián）

7. 研究（jiū/jiu）　　8. 觉得（jiào/jué）　　　9. 勉强（qiáng/qiǎng）

136

二、填写适当的量词：

Fill in the blanks with appropriate measure words：

天、套、个、种、批

1. 我提一（　　）方案，供各位参考。

2. 这几（　　）图案设计得不错。

3. 目前生丝的价格眼看着一（　　）天上涨。

4. 我们打算订购一（　　）童装。

5. 只要规格齐全，我们打算订购三至五万（　　）。

三、填写适当的助词：

Fill in the blanks with appropriate particles：

的、地、得、过、着

1. 坦率（　　）说，这个报价太高了，我们难以接受。

2. 这种事我听说（　　）了。

3. 我们期待（　　）您的好消息。

4. 这谈（　　）上什么竞争力呢？

5. 考虑到您对成交这项生意（　　）诚意，我接受了。

四、整理句子：

Rearrange the given words into a sentence：

1. 买卖、规格、凭、进口、商品、这类、是、的、我们

2. 太、了、高、我、的、报价、觉得、您

3. 我们、合作、考虑、今后、的、让、步、一、到

4. 难以、价格、成交、我们、接受、个、按、这

5. 根据、我们、有、是、的、报价、的

五、用指定结构或词语改写句子：

Rewrite the following sentences with the given words or constructions：

1. 去年我们成交的价格低，今年的价格高。（比）

2. 按这个价格买进，就谈不上有竞争力了。（什么）

3. 我们的报价在国际市场上还是偏低的，非常有竞争力。（怎么……呢）

4. 如果以这个价格成交，那就太好了。（再……不过了）

5. 你承担一半，我也承担一半。（各）

六、思考题:

Questions for thinking:

1. 原料上涨后,可能对出口商产生什么影响?

2. 在同类产品中,各公司的报价不同,主要是什么原因?

第十一单元 不谈不成交

关键词语：支付工具 欧元 外汇 计算 金融

通用货币 汇率 资金 结算 金额

商量的表达方式

1. 方先生，向您请教一个问题，<u>可以吗</u>？

2. <u>您看</u>，这样填写，<u>可不可以</u>？

3. 对不起，<u>能</u>快点补办新卡<u>吗</u>？

4. 刘先生，咖啡<u>还是</u>茶？

5. 我想先听听您的意见，<u>行吗</u>？

6. <u>您看这样好吗</u>？贵方先预付货款的二分之一。

7. 我看这样吧，先预付三分之一的货款，其余部分采用远期付款方式，<u>怎么样</u>？

8. 戈尔斯先生，金额各一半，<u>您看怎么样</u>？

9. 贵方是否同意用日元作为支付货币呢？

10. 我们先谈其他问题，<u>好吗</u>？

会 话 1

（在广州 Z 银行营业厅内）

营业员：先生，您好！请问，您需要帮助吗？

阿扎尔：小姐，我的信用卡丢了，不知该怎么办。对了，这位先生可以证明。

方小江：是的，我陪他到商场购物时丢的，这是我的身份证。

营业员：别着急，慢慢说。请问，是在哪家银行办的卡？

阿扎尔：中国银行。

营业员：带证件了吗？

阿扎尔：带了，这是我的护照。

营业员：还记得信用卡的密码吗？

阿扎尔：好像是这几个数字。（写在纸上递给营业员）

营业员：（看了一下）请稍等。（在电脑上查找资料）先生，您的信用卡是在
什么地方办的？

阿扎尔：在北京办的。我是到广州来办事的。

营业员：怪不得在广州的用户中查不到呢。

阿扎尔：那么，在这儿能不能办理挂失？

营业员：这倒可以。请再等一下。

方小江：别担心，只要挂失了，一般不会有问题的。

阿扎尔：算了，破财免灾嘛。你看，真不好意思，又麻烦您陪我来。

方小江：朋友嘛，应该的。

阿扎尔：方先生，向您请教个问题，可以吗？

方小江：不客气，请讲。

阿扎尔：你看，外汇牌价表上的欧元汇率又下降了，这是什么原因呢？

方小江：这可不好说，而且一两句话也说不清楚。不过我认为，各国的汇率
变化，都与本国的经济发展变化有直接的关系。

阿扎尔：有道理。东南亚金融危机过去以后，日本经济就开始好转，日元的
汇率就上涨了。

方小江：可不。虽说欧元的汇率不太稳定，但在国际贸易货款结算中，仍作
为通用货币使用。

阿扎尔：我同意你的看法。据我了解，中国在外汇管理上还是比较严的。

方小江：对。这也是发展中国家不得不采取的办法。

营业员：先生，查到了。请填一下"信用卡挂失止付申请书"。

阿扎尔：(填写完毕，给方小江) 您看，这样填写，可以吧？

方小江：(看了一会儿) 没问题。写上你的电话号码。

阿扎尔：对不起，能快点补办新卡吗？

营业员：请放心，我们会尽快办理的。

阿扎尔：谢谢。再见！

营业员：再见！

生　词　New Words

1. 信用卡　　（名）　　xìnyòngkǎ　　credit card
2. 证明　　　（动/名）　zhèngmíng　　to certify; to prove; certificate
3. 商场　　　（名）　　shāngchǎng　　department store; market
4. 购物　　　　　　　　gòu wù　　　to buy; to purchase
5. 身份证　　（名）　　shēnfènzhèng　identity card
6. 记得　　　（动）　　jìde　　　to remember
7. 密码　　　（名）　　mìmǎ　　　PIN
8. 用户　　　（名）　　yònghù　　user; customer
9. 挂失　　　（离）　　guà shī　　to report the loss of（identity papers, checks, etc.）
10. 请教　　　（动）　　qǐngjiào　　to ask for advice
11. 牌价　　　（名）　　páijià　　exchange quotation
12. 外汇牌价表　　　　wàihuì páijià biǎo　bulletin board of exchange rate quotations
13. 欧元　　　（名）　　ōuyuán　　euro
14. 汇率　　　（名）　　huìlǜ　　exchange rate
15. 下降　　　（动）　　xiàjiàng　　to drop; to fall
16. 危机　　　（名）　　wēijī　　crisis
17. 好转　　　（动）　　hǎozhuǎn　　to take a turn for the better
18. 稳定　　　（形）　　wěndìng　　stable
19. 款　　　　（名）　　kuǎn　　money; a sum of money
20. 结算　　　（动）　　jiésuàn　　to settle accounts
21. 作为　　　（动/介）　zuòwéi　　regard as; as
22. 通用　　　（形）　　tōngyòng　　current
23. 货币　　　（名）　　huòbì　　currency

141

24. 使用	（动）	shǐyòng	to use
25. 严	（形）	yán	strict
26. 采取	（动）	cǎiqǔ	to adopt; to take
27. 止	（动）	zhǐ	to stop
28. 申请书	（名）	shēnqǐngshū	application

29. 信用卡挂失止付申请书 xìnyòngkǎ guàshī zhǐfù shēnqǐngshū

application for stoppayment of credit card

30. 补办	（动）	bǔbàn	to reissue

专 名 Proper Nouns

1. 阿扎尔	Āzhā'ěr	name of a person
2. 方小江	Fāng Xiǎojiāng	name of a person

注 释 Notes

1. 怪不得

副词。表示明白了原因，不再觉得奇怪。多用在句首。在后一分句中，常用"原来"相呼应。也可以单独使用，可加语气词"呢"。如：

The adverb 怪不得, mostly used at the beginning of a sentence or clause, means "no wonder". 原来 is often used in the latter part. 怪不得 can occur by itself and the modal particle 呢 is sometimes used at the end.

（1）怪不得卖这么贵呢，原来是名牌的。

（2）他就是黄经理，怪不得有点儿面熟呢。

（3）A：日商要求重新报价，是因为日元汇率又下跌了。

　　　B：怪不得呢。

2. 算了

习惯用语。表示"放弃原来的想法和计划等"，或"不再计较"的意思。如：

This idiomatic expression means "forget it" or "drop it".

（1）算了，还是按原计划办吧。

（2）我看这事儿就算了吧，好吗？

（3）算了，不说这事儿了。

142

3. 破财免灾

习惯说法。当自己或他人受到某种损失时，用来劝说或自我安慰。也说"破财消灾"。如：

When somebody or oneself suffers a loss of property, 破财免灾 is often used for comfort. We can also say 破财消灾 instead.

(1) A：真倒霉，上个月刚买的一辆新自行车，前天就丢了。

　　B：别为这事着急了，破财免灾嘛。

(2) A：我的运气真不好，又被偷了。算了，当是破财免灾吧。

　　B：这就对啦。再说，急也没什么用。

4. 不好说

习惯用语。多指情况复杂，很难回答。含有"说不准"、"说不清"或"不便说"的意思。也常说"不太好说"或"不大好说"。如：

The idiom 不好说 means "hard to say". It implies that it is difficult to say something accurately or clearly or it is not suitable to say. We also say 不太好说 or 不大好说 instead.

(1) A：李秘书，赵经理什么时候回来？

　　B：现在还不好说。

(2) A：王先生，贵公司的订货数量为什么减少了？

　　B：不好说，情况很复杂。

5. 虽说……，但（是）……

转折复句。表示让步。连词"虽说"用在前一分句，表示肯定或承认某一事实，后一分句常与"但是"或"可是"等词语连用，所说的事实不受前句影响。如：

This is a complex sentence of transition. The first clause with the conjuntion 虽说 at the beginning makes a concession that acknowledges a fact or agrees to an opinion, while the second clause, often with 但是 or 可是 at the beginning, indicates that the thing or fact in this part is under no influence of what is mentioned in the first clause.

(1) 虽说他同意进口一批大米，但什么时候订购还不好说。

(2) 虽说我认识那位先生，但也是一面之交。

6. 不得不

固定格式。表示别无选择的选择；跟副词"只好"相同。如：

This pattern, whose meaning is the same as 只好, means "have to".

（1）情况有变化，我不得不取消这次计划。

（2）因为原料价格上涨了，所以我们不得不提高价格。

练　习　Exercises

一、根据《会话1》的内容，回答下列问题：

Answer the following questions according to Dialogue 1：

1．谁的信用卡丢了？

2．他们去银行干什么？

3．欧元汇率下降的主要原因是什么？

4．东南亚金融危机后，日元的汇价为什么上涨了？

5．办理信用证挂失手续后，能马上补办新证吗？

二、选择下列词语填空：

Fill in the blanks with appropriate words given below：

怪不得、不好说、不得不、好像、算了

1．她（　　）是黄经理的秘书。

2．我（　　）告诉你，这项计划取消了。

3．（　　）他提前走了，原来有急事要办。

4．（　　），过去的事就让它过去吧。

5．为什么美元汇率上涨这么快？这真（　　）。

三、填写适当的词语：

Fill in the blanks with appropriate words：

1．办理＿＿＿＿＿＿　　2．金融＿＿＿＿＿＿　　3．通用＿＿＿＿＿＿

4．外汇＿＿＿＿＿＿　　5．结算＿＿＿＿＿＿　　6．汇率＿＿＿＿＿＿

会　话　2

（在北京星光饭店大堂服务台前）

戈尔斯：小姐，钥匙，408房间的。

服务员：请拿好，先生。那边看报的刘先生在等您。

戈尔斯：谢谢。（走过去）您好，刘先生，让您久等了。

刘飞云：啊，没关系，我也刚来一会儿。

144

戈尔斯：请，上楼谈吧。

刘飞云：好的，谢谢。

（在 408 房间）

戈尔斯：喝点什么，刘先生？咖啡还是茶？

刘飞云：咖啡吧，谢谢。戈尔斯先生，听李秘书说，您后天要回国，是吗？

戈尔斯：是的。公司有事，让我回去一趟。

刘飞云：我想，您临行前，我们应该再谈一次。

戈尔斯：好哇，我希望有一个好的结果。

刘飞云：是啊。但这要看我们双方努力的程度了。

戈尔斯：刘先生，中国人不是常说，"有话摆在桌面上"吗？我想先听听您的
　　　　意见，行吗？

刘飞云：可以。戈尔斯先生，您也清楚，我们是一家乡镇企业，规模小，流
　　　　动资金少，所以希望尽快收回货款。

戈尔斯：可以理解。但您计算一下，出票后 20 天付款，时间是不是紧了些？

刘飞云：那您的意思是……

戈尔斯：我的意思是，见票后 20 天付款。

刘飞云：前后也差不了几天。

戈尔斯：那倒是。但是根据我国有关进口鲜活商品的规定，只有复验合格后，
　　　　才能办理各种手续。

刘飞云：您看这样好吗？贵方先预付货款的二分之一。货到目的港，复验合
　　　　格后再支付另一半。

戈尔斯：我看这样吧，先预付三分之一的货款，其余部分采用远期付款方式，
　　　　怎么样？

刘飞云：那远期付款的具体时间呢？

戈尔斯：不变，还是见票后 20 天付款。

刘飞云：戈尔斯先生，金额各一半，您看怎么样？

戈尔斯：佩服，佩服，刘先生的确是生意场上的一把好手！

刘飞云：彼此，彼此。

戈尔斯：那好，就按您的意见办吧。

刘飞云：谢谢您的合作。

生　词　New Words

1. 大堂　　　　（名）　　　　dàtáng　　　　lobby

2. 钥匙	（名）	yàoshi	key
3. 秘书	（名）	mìshū	secretary
4. 临	（介/动）	lín	just before; be about to
5. 程度	（名）	chéngdù	degree; extent
6. 乡镇企业		xiāngzhèn qǐyè	town and township enterprises
7. 规模	（名）	guīmó	scale
8. 流动	（动）	liúdòng	to flow; to circulate
9. 资金	（名）	zījīn	capital
10. 票（汇票）	（名）	piào	bill（of exchange）
11. 付款	（离）	fù kuǎn	to pay
12. 前后	（名）	qiánhòu	shortly before and after
13. 鲜	（形）	xiān	fresh
14. 活	（形）	huó	alive; living
15. 只有	（连）	zhǐyǒu	only
16. 复验	（名）	fùyàn	reinspection
17. 合格	（形）	hégé	qualified; passed
18. 预（先）	（副）	yù（xiān）	in advance
19. 支付	（动）	zhīfù	to pay
20. 其余	（代）	qíyú	the rest
21. 一半	（名）	yíbàn	half
22. 期	（名）	qī	period
23. 金额	（名）	jīn'é	amount of money
24. 各（自）	（代）	gè（zì）	each; respective
25. 佩服	（动）	pèifu	to admire
26. 好手	（名）	hǎoshǒu	good hand; past master
27. 彼此	（代）	bǐcǐ	each other; *in reply to other's compliment to show modesty meaning "we're the same"*

专 名 Proper Nouns

1. 星光饭店	Xīngguāng Fàndiàn	name of a hotel
2. 戈尔斯	Gē'ěrsī	name of a person
3. 刘飞云	Liú Fēiyún	name of a person

146

注 释 Notes

1. 临

介词。表示某一行为将要发生。临+动词/动词短语。如：

The preposition 临 in the construction 临 + verb/verbal phrase indicates that something is about to happen.

(1) 临走之前，把这件事做完。

(2) 临散会的时候，他才提出这个问题。

2. 听……说

插入语。表示消息的来源。也说"听说"。如：

The parenthesis 听……说 introduces the source of information. We can also say 听说 instead.

(1) 听周先生说，您要去开发区参观。

(2) 听说，下月初，东方公司要在北京举办一个汽车展销会。

3. 看

动词。意思是"决定于"。一定要带宾语。"看"的前面多用"就"或"要"等词。如：

The verb 看 here, mostly preceded by 就，要，etc., means "depend on". It must take an object.

(1) 这笔买卖能否谈成，就看贵方的态度了。

(2) 这事要看总经理的意见了。

4. 有话摆在桌面上

俗语。意思是"有话应该当面讲清楚"。如：

This common saying means "say openly what you want to say".

(1) A：人们常说："有话摆在桌面上"。张先生，我想听听您的意见。

　　B：那好，那我就说一下我的看法吧。

(2) 李先生，有话摆在桌面上，这对大家都有好处。

5. 您看这样好吗？

固定表达句式。常用在与对方商量某事，或征求对方意见时。可放在句子前，然后再说明自己的看法、意见或要求等；也可以放在句子后边。也说"你看怎么样？"如：

This expression is used to discuss something with the person being addressed or to solicit his/her advice or opinion. It can be put either in front of or after the sentence that tells one's own idea, opinion or request.

(1) 您看这样好吗？我们先洽谈，然后再游览名胜古迹。

(2) 我打算先去看几位老朋友，然后再洽谈，您看这样好吗？

6. 好手

名词。表示"某方面有特长"、"能力很强的人"。如：

好手 is a noun referring to people who are good at something or are very capable.

(1) 他可是一个游泳好手。

(2) 论烹调，他可是一把好手。

练 习 Exercises

一、根据《会话2》的内容，回答下列问题：

Answer the following questions according to Dialogue 2：

1. 刘飞云去找戈尔斯，打算谈什么问题？

2. 戈尔斯后天为什么要回美国？

3. 为什么刘飞云希望早日收回货款？

4. "出票后 20 天"和"见票后 20 天"，哪种方法收回货款快？

5. 双方最后商量的结果是什么？

二、选择下列词语填空：

Fill in the blanks with appropriate words given below：

听说、好手、差不了、临、看

1. 别忘了，（   ）走前告诉我一声。

2. 这回行不行，就（   ）你的了。

3. 这事请他办，肯定（   ）。

4. 如果说做买卖，他可是一把（   ）。

5. （   ），他去日本旅游了。

148

三、填写适当的词语：

Fill in the blanks with appropriate words:

1. 乡镇_____ 2. 复验_____ 3. 预付_____
4. 远期_____ 5. 付款_____ 6. 具体_____

会 话 3

（在宏大粮油进出口公司的谈判室）

上官清明：三上先生，听说您到东南沿海地区考察去了，都去了哪些地方？

三上大松：主要是到上海和深圳，参观了那儿的证券交易所。

上官清明：噢。这两家交易所，是 90 年代初先后开业的。

三上大松：但发展的速度还是很快的，上市公司越来越多，种类也有很大变化。

上官清明：这么说，您以前也去过这两家交易所了？

三上大松：是的，在这两家交易所刚开业不久时。那时谈到股市、股票、证券什么的，中国人还觉得很新鲜呢。

上官清明：是啊，眼下不仅证券交易所大有发展，而且股民不断增多，炒股已成了老百姓茶余饭后的话题了。

三上大松：可不，它改变了中国人的传统观念。

上官清明：是的。现在投资渠道多了，人们不仅把多余的钱存入银行，而且也购买债券、股票什么的。

三上大松：那是。通过股市筹集资金，加快经济建设，这是件利国利民的事，也是很多国家普遍采用的办法。

上官清明：您说得很对。三上先生，我们接着谈支付条款的问题，好吗？

三上大松：好的。贵方报的价格是，玉米每公吨 85.12 美元 CIF 横滨。

上官清明：是的，是按贵方要求报的价。

三上大松：没错。但贵方是否同意用日元作为支付货币呢？

上官清明：您的意思是，以美元作为计价货币，等支付期限到时，用日元支付货款？

三上大松：对，正是这个意思。

上官清明：但按以往惯例，贵方都是用美元支付货款的。

三上大松：但我们觉得用日元支付更方便。

上官清明：我不反对贵方的建议。但如果用日元支付货款，那我们要求加价 1.5%。

三上大松：这我就不明白了。为什么呢？

上官清明：您也清楚，目前日元的汇率变化很大，已上涨了两个百分点，今后还可能上涨，这样，我们的风险就太大了。

三上大松：如果贵方不同意，我们再考虑一下。

上官清明：那好。我们先谈其他问题，好吗？

三上大松：好的。

生　词　New Words

1. 沿海　　（名）　yánhǎi　　coastal; along the coast
2. 地区　　（名）　dìqū　　　area
3. 证券　　（名）　zhèngquàn security
4. 交易所　（名）　jiāoyìsuǒ　stock exchange
5. 先后　　（副）　xiānhòu　　one after another; successively
6. 开业　　（离）　kāi yè　　to open for business
7. 股市　　（名）　gǔshì　　　stock market
8. 股票　　（名）　gǔpiào　　stock
9. 眼下　　（名）　yǎnxià　　at present
10. 股民　　（名）　gǔmín　　person who buys and sells stocks
11. 不断　　（副）　búduàn　　continuously
12. 增（加）（动）　zēng（jiā）to increase
13. 炒股　　（离）　chǎo gǔ　to speculate on stocks
14. 老百姓　（名）　lǎobǎixìng common people
15. 话题　　（名）　huàtí　　subject of conversation
16. 改变　　（动）　gǎibiàn　to change
17. 传统　　（名）　chuántǒng tradition
18. 观念　　（名）　guānniàn　concept; idea
19. 渠道　　（名）　qúdào　　channel
20. 多余　　（形）　duōyú　　surplus
21. 债券　　（名）　zhàiquàn　bond
22. 筹集　　（动）　chóují　　to raise（money）
23. 加快　　（动）　jiākuài　to accelerate
24. 利　　　（动）　lì　　　　to benefit
25. 采用　　（动）　cǎiyòng　to adopt; to use

150

26. 是否	（副）	shìfǒu	whether or not
27. 玉米	（名）	yùmǐ	corn
28. 以	（介）	yǐ	to use... as...; with
29. 按	（介/动）	àn	according to
30. 风险	（名）	fēngxiǎn	risk

专 名 Proper Nouns

1. 宏大粮油进出口公司	Hóngdà Liángyóu Jìnchūkǒu Gōngsī Hongda Cereals and Oils Import and Export Corperation	
2. 三上大松	Sānshàng Dàsōng	name of a person
3. 上官清明	Shàngguān Qīngmíng	name of a person
4. 东南沿海地区	dōngnán yánhǎi dìqū	southeast coastal areas
5. 上海证券交易所	Shànghǎi Zhèngquàn Jiāoyìsuǒ	Shanghai Stock Exchange
6. 深圳证券交易所	Shēnzhèn Zhèngquàn Jiāoyìsuǒ	Shenzhen Stock Exchange
7. 横滨	Héngbīn	Yokohama

注 释 Notes

1. 谈（说）到

固定格式。用在句首，引出下文或改变话题。如：

This pattern occurs at the beginning of a sentence to introduce or change a topic.

(1) 说到他，倒使我想起了一件事。

(2) 说到这儿，我倒想问你一件事。

2. 什么的

代词。用在一个成分或并列的几个成分之后，表示"……之类"或"等等"的意思。如：

The pronoun 什么的 is placed after an element or several coordiante elements to indicate an incomplete listing. It means "and the like" or "and so on".

(1) 他就喜欢听听音乐、看看电影什么的。

(2) 打球、游泳、登山什么的，他都喜欢。

3. 大

副词。表示程度深。常用在"大 + 有 + 名"的格式中,"有"字后边不能用单音节名词。如:

Here 大, an adverb that indicates a high degree, is often used in the pattern 大 + 有 + noun. The noun cannot be monosyllabic.

（1）干这一行,大有前途。

（2）别担心,我看是大有希望的。

（3）我看,这事与他大有关系。

（4）他听了这事以后,大笑起来。

4. 茶余饭后

成语。是指茶饭之后的一段空闲时间。也说"茶余酒后"。如:

This idiom refers to the leisure time after a cup of tea or a meal. Another form is 茶余酒后.

（1）节假日去哪儿旅游,已成了我家茶余饭后的话题了。

（2）人们在茶余饭后,经常议论以什么方式投资为好。

5. 按……惯例

固定格式。表示动作行为遵从某一标准。也说"按惯例"。如:

This pattern indicates that an action or behavior is in compliance with a norm or standard. It can also be said as 按惯例.

（1）按惯例,可以部分采取远期付款方式。

（2）按进口/出口惯例,我方只采用 FOB/CIF 价格。

练 习 Exercises

一、根据《会话3》的内容,回答下列问题:

Answer the following questions according to Dialogue 3:

1. 谁是进口商?

2. 对进口商来说,采用哪种货币支付货款更合算?

3. 中方为什么要求提高价格?

4. 目前,老百姓常谈论的话题是什么?

5. 为什么说建立证券交易市场是件利国利民的事呢?

二、选择下列词语填空：

Fill in the blanks with appropriate words given below:

开业、谈到、按惯例、什么的、越来越

1. 那家公司是什么时候（　　　）的？

2. 他喜欢打球、游泳、登山（　　　）。

3. （　　　）这个问题，我倒想向您请教一下。

4. （　　　），我们出口这种商品，是不给折扣的。

5. 我感到生意（　　　）难做了。

三、填写适当的词语：

Fill in the blanks with appropriate words:

1. 投资＿＿＿＿＿　　2. 购买＿＿＿＿＿　　3. 支付＿＿＿＿＿

4. 计价＿＿＿＿＿　　5. 汇率＿＿＿＿＿　　6. 证券＿＿＿＿＿

综合练习　Comprehensive Exercises

一、选择画横线字的正确读音：

Choose the right phonetic transcription of the underlined part:

1. 怪不得（bu de/bù dé）　2. 记得（de/dé）　3. 金融（róng/yóng）

4. 差不了（bù liao/bu liǎo）5. 汇率（lǜ/lì）　6. 好转（zhuǎn / zhuàn）

7. 不得不（de bu/dé bù）　8. 债券（juàn/quàn）9. 上涨（zhǎng/zhàng）

二、填写适当的量词：

Fill in the blanks with appropriate measure words:

种、家、张、句、杯、把

1. 先生，这（　　　）信用卡可以在这儿取款吗？

2. 来（　　　）咖啡吧，张小姐。

3. 他什么都会干，真是（　　　）好手。

4. 那（　　　）交易所是什么时候开业的？

5. 这（　　　）话我听不懂。

三、填写适当的词语：

Fill in the blanks with appropriate words：

　　帮忙、炒股、投资、报价、付款

1. 你可（　　）了我的大（　　）了。
2. 听说他最近（　　）什么（　　）呢。
3. 我在这家企业（　　）了30万元的（　　）。
4. 我希望（　　）FOB（　　），可以吗？
5. 先（　　）一笔（　　），就可以送货上门。

四、整理句子：

Rearrange the given words into a sentence：

1. 上涨、汇率、欧元、据说、将、会
2. 最好、货款、支付、日元、用
3. 方式、付款、采用、希望、远期
4. 日元、汇率、下降、朋友、据……说、将、会
5. 货币、贸易、通用、进出口、目前、在、几、有、哪、中、种

五、用指定结构改写句子：

Rewrite the following sentences with the given constructions：

1. 我们先讨论一下价格条款。（您看……怎么样）
2. 我希望用人民币作为计价货币。（我想……可以／行吗）
3. 明天上午，我们再讨论支付条款。（我看这样吧，……好吗）
4. 这笔买卖用日元（美元）支付货款吗？（……还是……）
5. 投资渠道多了，风险也大了。（虽说……，但……）

六、思考题：

Questions for thinking：

1. 你知道汇票付款期限的表示方法有几种吗？
2. "出票后20天付款"与"见票20天后付款"，二者有什么区别？

154

第十二单元　退一步天地宽

関键词语：支付方式　信用证　托收　开立　开户行
　　　　　运输单据　有效期　费用　采用　开证行

寒暄或介绍的表达方式

1. 对我来说，游泳也是惟一的业余爱好。

2. 说真的，这种比喻还挺形象的。

3. 如果指定在中国银行开立信用证，不但要费更多的时间，而且还要增加费用。

4. 应提交主要的单据，比方说，海运提单、保险单和商业发票等。

5. 说心里话，如果加价的话，我方很难接受。

6. 老实说，按承兑交单后50天以内付款，小批量货物还可以。

7. 说白了，正是因为考虑到这些，我们才同意采用托收支付方式。

8. 为了保证我方能按时收到货款，我们只能这样。

9. 像股票、债券或合同什么的，都可以委托银行保管吧？

10. 您也知道，从进口机器设备到生产出真丝，我方不但要投入一定的人力、物力和资金，而且也要有一个很长的过程。

会　话　1

（在长富饭店游泳馆的休息室内）

安东尼：游得不错嘛，宋先生。

宋大伟：马马虎虎。

安东尼：听说您曾经是全国少年蛙泳冠军？

宋大伟：好汉不提当年勇。现在游得太少，不行了。

安东尼：忙里偷闲，抽空游游泳，也是一种休息嘛。

宋大伟：那倒是。对我来说，游泳也是惟一的业余爱好。

安东尼：宋先生，中国人把"经商"说成"下海"，很有意思。

宋大伟：说真的，这种比喻还挺形象的。

安东尼：对您来说，"下海"可是如鱼得水呀。

宋大伟：哈哈，您可真会开玩笑。说到做生意，我倒想问一下，如果进口设备的事谈成了，贵方对开证行有什么要求呢？

安东尼：没什么要求。一般来说，我们往来的业务都是委托中国银行办理。

宋大伟：真不巧，我们的开户行是工商银行。如果指定在中国银行开立信用证，不但要花费更多的时间，而且还要增加费用。

安东尼：这好商量。如果贵方开立不可撤销的即期付款信用证，我们是会考虑这个问题的。

宋大伟：安东尼先生，您这一要求，可真有点儿强人所难。

安东尼：不会吧。我们这不是在商量吗！

宋大伟：是的。但我们有言在先哪，贵方也同意在支付方式上提供方便，我方才同意进口贵方的设备。

安东尼：这不假。那么贵方希望开立哪种信用证呢？

宋大伟：不可撤销的延期付款信用证。

安东尼：具体期限呢？

宋大伟：运输单据签发后两个月内支付货款。

安东尼：那交单日和信用证的到期日是一样的了？

宋大伟：是的，有效期是一致的。

安东尼：如果我们是以 CIF 条件成交，应向银行提交哪几种单据呢？

宋大伟：应提交主要的单据，比方说，海运提单、保险单和商业发票等。

安东尼：啊，我明白您的意思了。这个问题咱们明天洽谈时再说吧。

宋大伟：好的。退一步天地宽。希望明天的洽谈能取得成功。

安东尼：我想会的。好，明天见。
宋大伟：明天见。

生　词　New Words

1. 马马虎虎　（形）　mǎmǎhūhū　just so-so
2. 曾经　　　（副）　céngjīng　（*used to indicate past action or state*）once
3. 少年　　　（名）　shàonián　juvenile; teenager
4. 蛙泳　　　（名）　wāyǒng　breaststroke
5. 冠军　　　（名）　guànjūn　champion
6. 抽空　　　（离）　chōu kòng　manage to find time
7. 惟一　　　（形）　wéiyī　only; sole
8. 业余　　　（形）　yèyú　sparetime
9. 经商　　　（离）　jīng shāng　to go into business; to engage in trade
10. 下海　　　（离）　xià hǎi　to go to sea; to go in for business
11. 比喻　　　（名/动）　bǐyù　metaphor, figure of speech; compare one thing to another
12. 开证行　　（名）　kāizhènghàng　opening bank; issuing bank
13. 往来　　　（动）　wǎnglái　intercourse; contact; dealings
14. 委托　　　（动）　wěituō　to entrust
15. 开户行　　（名）　kāihùháng　bank of deposit
16. 指定　　　（动）　zhǐdìng　to appoint; to assign; to designate
17. 信用证　　（名）　xìnyòngzhèng　letter of credit
18. 花费　　　（名/动）　huāfèi　cost; to cost
19. 费用　　　（名）　fèiyòng　cost; expenses
20. 撤销　　　（动）　chèxiāo　to revocate; to cancel
21. 即期　　　（名）　jíqī　delivery on spot; on spot
22. 延期　　　（离）　yán qī　to defer; to postpone
23. 有效　　　（形）　yǒuxiào　valid
24. 运输单据　　　　yùnshū dānjù　transport documents

25. 提交	（动）	tíjiāo	to submit to
26. 单据	（名）	dānjù	documents
27. 比方说	（动）	bǐfāngshuō	for example
28. 海运提单		hǎiyùn tídān	ocean bill of lading
29. 保险单	（名）	bǎoxiǎndān	insurance policy

专 名 Proper Nouns

1. 长富饭店	Chángfù Fàndiàn	name of a hotel
2. 安东尼	Āndōngní	Anthony
3. 宋大伟	Sòng Dàwěi	name of a person

注 释 Notes

1. 退一步天地宽

俗语。意思是"办事要灵活，有时互相退让一步，可能会收到意想不到的效果。"如：

This common saying means that a concession may bring about unexpected good results.

A：赵先生，您的意思是不能用本国货币支付货款啦？

B：不完全是。如果加价2%，我方还是同意的。

A：俗话说："退一步天地宽"，我们可以满足贵方的要求。

2. 好汉不提当年勇

俗语。意思是"以前的成绩或成功，不要再说了"；或者说"现在的情况不如从前了"。如：

This common saying means that past achievements or successes belong to the past or the present situation is not as good as before.

A：王主任，听说您曾经是L公司的总裁，可您从来没说过。

B：好汉不提当年勇。说这干吗？

3. 忙里偷闲

成语。意思是"在忙碌中抽出一点儿时间休息一下"，或"做点儿别的事情"。如：

This idiom means "snatch a little leisure from a busy life".

158

A：这段时间可真忙啊！

B：可不。下周末出去玩儿玩儿，怎么样？

C：好主意，忙里偷闲，休息一下。

4. 如鱼得水

成语。比喻得到了跟自己很投合的人或对自己很适合的环境。如：

This idioms means "having found a congenial person or environment".

(1) 这个人很能干，下海经商，可真是如鱼得水。

(2) 王先生到 W 公司工作后，如鱼得水，业绩特别好。

5. 说真的

插入语。表示所说的话是说话人真实的想法、意见或看法。如：

This parenthesis introduces the speaker's idea or opinion.

(1) 说真的，这事儿我一点儿也不知道。

(2) 说真的，这个办法对双方都有好处。

7. 强人所难

成语。意思是"勉强别人做为难的事"。如：

This idiom means "insist on sb.'s doing sth. that is beyond his power or against his will".

(1) 我真的不会唱歌，您总不能强人所难呀！

(2) 我不是强人所难，只要你认真学，肯定能学会。

8. 有言在先

成语。意思是"已经把话说在前头了"，或"事先打了招呼"。如：

This idiom means "have agreed before" or "have made clear beforehand".

(1) 我们不是有言在先吗？这事由我来决定。

(2) A：我方希望采用信用证的支付方式。

　　B：可以，但我们有言在先，贵方一定要按要求进行包装。

　　A：没问题，请放心。

9. 比方说

动词。常用于举例说明时，与"比如""如"相同。如：

The verb 比方说, whose meaning is the same as 比如 or 如, is often used to give examples.

(1) 比方说小张吧，在经商方面就很有经验。

(2) 国际通用价格术语有 10 多种，比方说 FOB、CIF 或 CFR，等等。

练 习　Exercises

一、根据《会话 1》的内容，回答下列问题：

Answer the following questions according to Dialogue 1：

1. 中方为什么要进口他们的设备呢？

2. 为什么中方希望在工商银行开立信用证？

3. 中方希望开立什么样的信用证？

4. 以 CIF 条件成交，外商应该提供哪几种单据？

5. 外商对信用证提出了什么要求？

二、选择下列词语填空：

Fill in the blanks with appropriate words given below：

马马虎虎、真不巧、说真的、比方说、抽空

1. （　　　），我不太了解这个情况。

2. （　　　），明天他们就要去上海了。

3. （　　　）他吧，我们认识已有 20 多年了。

4. 这人办事总是（　　　）的。

5. 上个月，他（　　　）去了趟广州。

三、填写适当的词语：

Fill in the blanks with appropriate words：

1. 开立_____　　2. 增加_____　　3. 提供_____

4. 延期_____　　5. 运输_____　　6. 取得_____

会　话　2

（在京奥宾馆大堂的服务台前）

乔纳森：小姐，请给我发一份电子邮件。

服务员：请问，发往什么地方？

乔纳森：美国旧金山。

服务员：电子信箱的地址呢？

乔纳森：都写在上面了。

服务员：（接过）请稍等。（5 分钟后）一共 120 元。

乔纳森：谢谢。给您，这是 200 元整。

服务员：找您 80 元，请点好。欢迎下次再来。

乔纳森：谢谢，再见！

（在京奥宾馆的会客室）

乔纳森：很抱歉，我来晚了。

于成林：不客气，我们接着下午的内容谈吧。

乔纳森：好的。下午我们谈到支付货款的方式，是吧？

于成林：是的。我希望在这个问题上，双方能达成一致意见。

乔纳森：我们的想法是一致的。我方进口这批大豆，采用托收方式比较合适。

于成林：是付款交单（D/P），还是承兑交单（D/A）？

乔纳森：D/A 50 天。

于成林：D/A 50 天？如果按这种方式支付货款，每公吨大豆就应该加价 2.5%。

乔纳森：说心里话，如果加价的话，我方很难接受。

于成林：我们也不希望这样。老实说，按承兑交单后 50 天以内付款，小批量货物还可以。

乔纳森：但我方之所以同意每公吨 396 美元，是因为贵方提出，订购数量超过 10 万公吨的话，可优惠 0.5%。

于成林：是的。但按惯例，如果超过 10 万公吨，应采用信用证的支付方式。

乔纳森：那样会增加开证费用和押金。

于成林：不错。说白了，正是因为考虑到这些，我们才同意采用托收支付方式。

乔纳森：那贵方能接受哪种条件呢？

于成林：采用即期付款交单方式，并提交银行保函。

乔纳森：这么说，我们的信用不可靠了？

于成林：请原谅。为了保证按时收回货款，我们只能这样。

乔纳森：看来，也只好这样啦。

生　词　New Words

1. 大堂　　　（名）　　dàtáng　　　　　lobby
2. 电子邮件　　　　　diànzǐ yóujiàn　　e-mail
3. 上面　　　（名）　　shàngmian　　　above

161

4. 整	（形）	zhěng	whole; no more and no less
5. 达成	（离）	dá chéng	to reach (an agreement)
6. 一致	（形）	yízhì	unanimous
7. 大豆	（名）	dàdòu	soybean
8. 付款交单		fùkuǎn jiāodān	documents against payment
9. 承兑交单		chéngduì jiāodān	documents against acceptance
10. 以内	（名）	yǐnèi	within
11. 批量	（名）	pīliàng	batch; lot
12. 货物	（名）	huòwù	cargo; goods
13. 订购	（动）	dìnggòu	to order (goods)
14. 优惠	（形）	yōuhuì	preferential
15. 押金	（名）	yājīn	margin; cash pledge
16. 保函	（名）	bǎohán	certificate of guarantee
17. 信用	（名）	xìnyòng	credit
18. 可靠	（形）	kěkào	reliable
19. 只好	（副）	zhǐhǎo	have to

专 名 Proper Nouns

1. 京奥宾馆	Jīng'ào Bīnguǎn	name of a hotel
2. 乔纳森	Qiáonàsēn	Jonathan
3. 于成林	Yú Chénglín	name of a person

注 释 Notes

1. 说心里话

插入语。表示说话人的意见或看法。如：

This is a parenthesis meaning "to be frank". It introduces the speaker's opinion or idea.

（1）说心里话，我方是不能接受承兑交单（D/A）的。

（2）说心里话，我们在支付方式上已向贵方提供了方便。

2. ……之所以……，是因为……

因果复句。"之所以"用在前一分句的主谓短语中，指出结果，有时省略主语。后一分句说明原因。如：

This pattern is used in complex sentences of cause. The first clause, a subject-predicate construction with 之所以, indicates the result, while the second clause points out the reason or cause. The subject in the first clause is sometimes omitted.

(1) 他之所以这样做，是因为不了解情况。

(2) 之所以发生这样的事，是因为平时管理不严造成的。

3. 说白了

习惯用语。表示说话人要直截了当地说出事实或问题的关键。如：

This idiom means "to put it bluntly".

(1) 说白了，你是不想让我做这笔买卖。

(2) 说白了，这件事能不能办成，就看你的态度了。

4. （都、正、就）是 + 小句/无主句

是字句。表示原因、目的。"是"后可加"因为、由于、为了"。如：

This sentence with 是 indicates the reason or purpose. 是 can be followed by 因为, 由于, or 为了.

(1) 都是因为路上堵车，所以我才迟到。

(2) 正是因为考虑到这些，我们才同意采用托收支付方式。

(3) 我反复强调这个问题，是想引起大家的重视。

6. 为了

介词。表示"目的"。可以修饰主语短语或动词短语。如：

The preposition 为了, which can modify either the subject phrase or verbal phrase, introduces the purpose of an action.

(1) 为了了解真实情况，公司派人调查了三次。

(2) 为了谈成这笔买卖，双方各让了一步。

练 习 Exercises

一、根据《会话 2》的内容，回答下列问题：

Answer the following questions according to Dialogue 2:

1. 外商打算进口一批什么货物？

2. 外商为什么希望采用托收的支付方式？

3. 外商订购的货物是小批量的吗？

4. 对进口商来说，采用哪种支付方式更有利？

5. 经过协商，双方同意以什么方式支付货款？

二、选择下列词语填空：

Fill in the blanks with appropriate words given below：

说心里话、说白了、老实说、只好、为了

1. （　　　　　）尽快解决这个问题，公司才派你去的。
2. （　　　　　），只有同意这个条件，才给2%的折扣。
3. （　　　　　），如果贵方订购数量不大，我们无法接受这个价格。
4. （　　　　　），采用这种支付方式，风险太大。
5. 如果不行，（　　　　　）取消这个计划了。

三、填写适当的词语：

Fill in the blanks with appropriate words：

1. 托收_____　2. 承兑_____　3. 即期_____
4. 订购_____　5. 开证_____　6. 提交_____

会　话　3

（在北京丝绸服装厂的谈判室里）

金南容：哦，我差点儿忘了。单厂长，朋友托我打听点事儿。

单文涛：什么事？请讲。

金南容：他想知道，在北京哪儿可以办理委托保管业务。

单文涛：各大银行的总行或较大的分支行，都开设保管箱业务。

金南容：像股票、债券、合同什么的，都可以委托银行保管吧?

单文涛：我认为可以。但具体怎么办，需要什么手续，我也不太清楚。

金南容：没关系。有这些信息就够了。

单文涛：那我们接着刚才的话题谈吧。

金南容：好的。单厂长，在补偿贸易中，我们一般都采用对开信用证的方式，您认为怎样？

单文涛：我同意。这对双方都有利。

金南容：但信用证的有效期问题，需要商量一下。

单文涛：可以。如果贵方同意的话，我认为第一张信用证，应与回头证同时生效。

金南容：但我方投入资金比较早，而偿还期限却需要7年，这期间汇率变化

164

的风险是很大的。

单文涛：您也知道，从进口设备到生产出真丝，我方不但要投入一定的人力、物力和资金，而且也要有一个很长的过程。

金南容：是的。双方都有不少困难，但我们还是要想办法解决。

单文涛：请说说看，如果办法可行，我们是会接受的。

金南容：您看这样好吗？购买设备的款项，一半用货币偿还，另一半等投产后用真丝偿还。

单文涛：这是个办法。但我们的资金比较紧张，货币偿还部分最多是三分之一。

金南容：也就是说，产品偿还是三分之二，对吧？

单文涛：是的。这也是我们能做出的最大努力了。

金南容：如果是这样，偿还期限最好能缩短一年。

单文涛：你的意思是，偿还期是六年？

金南容：您看呢？

单文涛：好，就这么定了。

生　词　New Words

1. 差点儿　　（副）　　chàdiǎnr　　almost; nearly
2. 打听　　　（动）　　dǎting　　to ask for information
3. 厂长　　　（名）　　chǎngzhǎng　　factory director; factory manager
4. 保管　　　（动/名）　　bǎoguǎn　　to take care of; custody
5. 总行　　　（名）　　zǒngháng　　head office
6. 分行　　　（名）　　fēnháng　　branch of a bank
7. 支行　　　（名）　　zhīháng　　subbranch of a bank
8. 开设　　　（动）　　kāishè　　to open; to set up; to offer (a service)
9. 补偿贸易　　　　bǔcháng màoyì　　compensation trade
10. 对开信用证　　　duìkāi xìnyòngzhèng　　reciprocal credit; counter letter of credit
11. 有利　　　（形）　　yǒulì　　beneficial; favorable
12. 生效　　　（离）　　shēng xiào　　to go into effect; to become effective

165

13. 回头证	（名）	huítóuzhèng	counter certificate
14. 投入	（动）	tóurù	to put in; to throw in
15. 偿还	（动）	chánghuán	to repay
16. 期间	（名）	qījiān	time; period
17. 真丝	（名）	zhēnsī	silk
18. 过程	（名）	guòchéng	process
19. 可行	（形）	kěxíng	feasible
20. 款项	（名）	kuǎnxiàng	a sum of money; fund
21. 投产	（动）	tóuchǎn	to put into production; to go into operation
22. 最好	（副）	zuìhǎo	it would be the best...
23. 缩短	（动）	suōduǎn	to shorten; to cut out
24. 定	（动）	dìng	to settle; to decide

专　名　Proper Nouns

1. 北京丝绸服装厂　　　Běijīng Sīchóu Fúzhuāngchǎng
Beijing Silk Clothing Factory

2. 金南容　　　Jīn Nánróng　　name of a person

3. 单文涛　　　Shàn Wéntāo　　name of a person

注　释　Notes

1. 差点儿

副词。表示①"惋惜希望发生的事情接近发生而不曾发生"，差点儿＋动词短语；②"庆幸希望发生的事情看来不会发生而终于发生"，差点儿＋没＋动词短语；③"庆幸不希望发生的事情接近发生而不曾发生"，差点儿＋（没）＋动词短语。也说"差一点儿"。用于口语。如：

The adverb 差点儿 in the construction "差点儿 + verbal phrase" in spoken Chinese indicates that the speaker feels sorry that something about to happen fails to come about or feels fortunate that something not likely to happen comes true. We can also say 差一点儿 instead.

(1) 这笔买卖差点儿就谈成了。（没谈成）

(2) 这次他们队差点儿获得冠军。（没有获得冠军）

166

(3) 我差点儿没赶上飞机。（赶上了）

(4) 这个问题我差点儿（没）答错。（没答错）

(5) 这次考试，他差点儿没及格。（及格了）

2. 您也知道

插入语。表示"引起对方注意"，或"进一步解释、说明双方都清楚的事物"，目的是为了让对方明白自己为什么这样做。如：

您也知道 is a parenthesis which means to draw the other party's attention or to further explain what both parties have already known. The speaker wants to make clear his/her reason for doing what is mentioned in the latter part of the sentence.

(1) 您也知道，我们是一家乡镇企业，规模小，资金少，所以希望尽快收回货款。

(2) 您也知道，原料价格上涨了，所以报这个价一点也不高。

3. 也就是说

插入语。表示"进一步说明某事物"。也说"就是说"。如：

也就是说 is a parenthesis meaning "that is to say." 就是说 can be said instead.

(1) 采用付款交单，也就是说，采用托收的支付方式。

(2) 由于原料价格提高，也就是说，生产成本提高了，所以价格也必须相应地提高。

4. 吧

助词。表示猜测或确认某事物。用在句尾。如：

The particle 吧 at the end of a sentence indicates conjecture or it means to ask for confirmation.

(1) 他就是公司经理吧？

(2) 明天就可以出发吧？

(3) 贵方同意采用信用证支付方式吧？

5. 您看呢

固定句式。表示"询问对方的意见"或"看法"。也说"您说呢"。如：

您看呢 is used to solicit the other party's advice or opinion. It can also be said as 您说呢 instead.

(1) 您看呢？一半采用汇付方式，一半采用托收方式。

（2）我方希望用美元作为支付货币，您看呢？

6. 就这么定了

固定句式。表示对某事物做出决定。也说"就这样吧"。如：

就这么定了 means "That's settleed" or "That's decided." We can also say 就这样吧 instead.

（1）这件事，就这么定了。

（2）不用再研究了，就这么定了。

（3）就这样吧，明天上午出发。

练 习　Exercises

一、根据《会话 3》的内容，回答下列问题：

Answer the following questions according to Dialogue 3：

1. 朋友托金南容打听什么事？

2. 在补偿贸易中，一般采用哪种支付方式？

3. 双方需要协商哪些问题？

4. 经过协商，双方同意用哪种方式来偿还货款？

5. 偿还期是几年？

二、选择下列词语填空：

Fill in the blanks with appropriate words given below：

　　　也就是说、您也知道、差点儿、像、吧

1. （　　　　　　）我们为什么不同意采用这种付款方式。

2. （　　　　　　）我们这样的大公司，在全国也不是很多的。

3. 你对这个开发区的情况了解不多（　　　　　）？

4. 昨天我（　　　　　）陪王先生到南方去考察。

5. 这种支付方式风险太大，（　　　　　），还需要再商量一下。

三、填写适当的词语：

Fill in the blanks with appropriate words：

1. 补偿_____　2. 投入_____　3. 偿还_____

4. 提供_____　5. 委托_____　6. 购买_____

168

一、选择画横线字的正确读音：

Choose the right phonetic transcription of the underlined part：

1. 马马虎虎（hǔ/hū）　　　　2. 单厂长（dān/shàn）

3. 爱好（hǎo/hào）　　　　4. 强人所难（qiáng/qiǎng）

5. 说说看（kàn /kan）　　　　6. 差点儿（diǎn / diǎnr）

7. 说心里话（lǐ/ li）　　　　8. 老实说（shí/shi）

9. 偿还（hái / huán）

二、填写适当的动词：

Fill in the blanks with appropriate verbs：

订购、提交、超过、开立、偿还

1. 买方应按合同规定的时间（　　　　　）信用证。

2. 我方希望在 5 年内（　　　　　）完贷款。

3. 贵方应（　　　　　）5 种主要单据。

4. 他们打算（　　　　　）3 万台彩电。

5. 进口大豆的数量（　　　　　）了 35 公吨。

三、找出句中相反或相对的词：

Find the antonyms of the given words in the following sentences：

增加、成功、同意、接受、业余

1. 订购数量减少了 5%。

2. 我反对他的意见。

3. 他是专业演员。

4. 这件事不能失败。

5. 我拒绝了她的要求。

四、整理句子：

Rearrange the given words into a sentence：

1. 信用证、开立、贵方、希望、种、哪

2. 银行、开立、贵方、信用证、指定、在、哪、家

3. 单据、提交、我们、哪、应该、种、几

4. 合适、比较、托收、认为、方式、采用、我

5. 缩短、期限、最好、两年、偿还、能

五、用指定结构或词语改写句子：

Rewrite the following sentences with the given words or constructions：

1. 采用远期付款方式，对买方更有利。（对……来说）

2. 托收和信用证两种支付方式，贵方希望采用哪一种？（……是……，还是……）

3. 因为对贵方也有好处，所以我们才同意采用这种支付方式。（之所以……，是因为……）

4. 对卖方来说，采用信用证支付方式，可以减少风险。（为了）

5. 我们是乡镇企业，规模小，资金少。（不但……，而且……）

六、思考题：

Questions for thinking：

1. 在国际贸易中，货款结算的支付方式主要有哪几种？

2. 你知道托收支付方式有哪几种？

练习答案

第一单元　请问，您是……

会话1

一、根据《会话1》的内容，回答下列问题：

　　1．英国人，DF公司的业务代表。

　　2．中国CRB公司。

　　3．迎接客人大卫。

　　4．公司让我来接您。欢迎您来北京。

　　5．友谊宾馆。

二、选择下列词语填空：

　　1．叫、是　　2．让　　3．欢迎　　4．联系　　5．安排

三、填写适当的词语：

　　1．代表　　2．旅馆　　3．联系　　4．客气　　5．关照　　6．很高兴

会话2

一、根据《会话2》的内容，回答下列问题：

　　1．因为他不是第一次来。

　　2．路旁新建了很多高楼。

　　3．安排一个时间，陪客人游览北京的新景点。

　　4．有一个约会，跟客人谈进、出口方面的业务。

　　5．一直很愉快。

二、选择下列词语填空：

　　1．光临　　2．让　　3．一直　　4．又　　5．变化

三、填写适当的词语：

　　1．时间　　2．新景点　　3．光临　　4．愉快　　5．顺利　　6．业务

会话3

一、根据《会话3》的内容，回答下列问题：

1. 迎接美国 BP 公司代表团。

2. 三个人，罗伯特先生。

3. 转达他对朋友们的问候。

4. 跟总经理见面后，再商量代表团的活动安排。

5. 前门饭店。

二、选择下列词语填空：

1. 迎接　　2. 向、表示　　3. 转达　　4. 见面　　5. 特意

三、填写适当的词语：

1. 欢迎　　2. 关照　　3. 代表团　　4. 问候　　5. 公司　　6. 情况

综合练习

一、选择画横线字的正确读音：

1. shi　　2. qi　　3. qì　　4. sheng　　5. bú

6. bù　　7. yí　　8. yì　　9. yī

二、填写适当的量词：

1. 个　　2. 本　　3. 张　　4. 位　　5. 双

三、填写适当的动词：

1. 派　　2. 请　　3. 让　　4. 劝　　5. 要求

四、整理句子：

1. 公司派我来迎接大家。

2. 我代表公司向朋友们表示欢迎。

3. 总经理让我转达他的问候。

4. 我介绍一下，这位是罗伯特先生。

5. 我想跟张总经理谈谈代表团的活动安排。

五、用"又……又……"改写句子：

1. 他又会说汉语，又会说英语。

2. 这种服装又好看又便宜。

3. 张先生又是我的老师，又是我的朋友。

4. 这个孩子又聪明又漂亮。

5. 北京的冬天又冷又干燥。

六、思考题：

1. 您好！我叫××，认识您很高兴；请问，您贵姓？/怎么称呼您？

2. 我来介绍一下，这位是我的好朋友 XX；让我来介绍一下，这位是
……；请允许我介绍一下，这位是……

第二单元　四海为家

会话 1

一、根据《会话1》的内容，回答下列问题：

1. 订机票。

2. 广州，参加广交会。

3. 往返的。

4. 离广交会近一点儿的。

5. 单人套间。

二、选择下列词语填空：

1. 最好　　2. 就　　　3. 接待　　4. 光临　　5. 对了

三、填写适当的词语：

1. 房间/机票/饭店　　　2. 客人　　　3. 要求

4. 安排　　　　　　　　5. 机票　　　6. 广交会

会话 2

一、根据《会话2》的内容，回答下列问题：

1. 订一桌酒席。

2. 洽谈服装方面的生意。

3. 主人预订菜单或者请客人点菜都行。

4. 由主人订菜单比较好。

5. 去前门饭店请客，那里的菜比较适合客人的口味。

二、选择下列词语填空：

1. 洽谈　　2. 打算　　3. 差不多　4. 适合　　5. 建议

三、填写适当的词语：

1. 生意　　2. 客人　　3. 号码　　4. 而为　　5. 照顾　　6. 目的

会话 3

一、根据《会话3》的内容，回答下列问题：

1. 故宫、天坛、北海、颐和园、长城、十三陵、香山、圆明园等。

2. 避暑山庄。

3．在画报上看到的。

4．想约尼克一起去避暑山庄。

5．尼克的房间；八点。

二、选择下列词语填空：

1．差不多　　2．随便　　3．附近　　4．可能　　5．极

三、填写适当的词语：

1．古迹　2．景点　3．汽车/厕所　4．活动　5．汽车　6．胜地

综合练习

一、选择画横线字的正确读音：

1．xi　　2．liang　　3．nǎr　　4．yāo　　5．dì

6．ren　　7．fan　　8．jìng　　9．yi

二、填写适当的数量词语：

1．处　　2．桌　　3．家　　4．位　　5．张

三、填写适当的动词：

1．预订　2．谈　　3．建议　4．请　　5．游览

四、整理句子：

1．生意已经谈得差不多了。

2．我要去广州参加广交会。

3．请客没有固定的标准。

4．那儿的风景美极了。

5．我已经来过好几次了。

五、用指定词语改写句子：

1．根据客人的要求，公司又安排了一次游览活动。

2．买什么礼物都可以。

3．我们进口丝绸的生意谈得差不多了。

4．这件事比较麻烦，我尽力而为吧。

5．李经理今天有事，由我陪您去长城。

六、思考题：

1．预订机票或旅馆等。

2．要尽量照顾到客人的口味。

第三单元 哪家银行离我们最近

会话1

一、根据《会话1》的内容，回答下列问题：

1. 很多钱带在身上不安全也不方便。

2. 中国银行、工商银行等。

3. 很好。

4. 拿护照，填存款凭条。

5. 不一样。

二、选择下列词语填空：

1. 只要　　2. 等　　　3. 在　　　4. 除了　　5. 据我所知

三、填写适当的词语：

1. 账户　　2. 质量　　3. 按　　4. 期限　　5. 复杂　　6. 存款

会话2

一、根据《会话2》的内容，回答下列问题：

1. 圣诞节就要到了。

2. 换钱。

3. 一比八点二七左右。

4. 填兑换单。

5. 接受。

二、选择下列词语填空：

1. 支票　　2. 取款　　3. 兑换　　4. 取　　　5. 过目

三、填写适当的词语：

1. 表示　　　　　　2. 率　　　　　　　　3. 旅行

4. 人民币/美元　　　5. 数目/凭条/单子　　6. 人民币/美元

会话3

一、根据《会话3》的内容，回答下列问题：

1. 选购设备。

2. 询问办理汇款的手续。

3. 最快的三天就能到账。

4. 汇款通知单和护照。

5. 票汇、电汇、信汇。

二、选择下列词语填空：

   1. 接受   2. 办理   3. 到   4. 下   5. 照常

三、填写适当的词语：

   1. 营业   2. 手续   3. 地址   4. 设备   5. 旅行支票   6. 服务

综合练习

一、选择画横线字的正确读音：

   1. rén   2. fen   3. shì   4. shù   5. shǔ

   6. tóur   7. xia   8. diǎn   9. diǎnr

二、填写适当的量词：

   1. 家   2. 本   3. 个   4. 种   5. 张

三、填写适当的补语：

   1. 到   2. 成   3. 完   4. 好   5. 下

四、整理句子：

   1. 我想在银行开一个账户。

   2. 这家银行的信誉不错。

   3. 他今天要取 1500 美元。

   4. 银行五点半停止营业。

   5. 银行接受我们的旅游支票。

五、用指定结构或词语改写句子：

   1. 银行除了有活期存款之外，还有定期存款。

   2. 只要拿汇款通知单和有关证件就可以取款了。

   3. 从三月开始，中国银行的营业时间有所变化。

   4. 我们想在北京、上海、广州等城市选购一部分小型设备。

   5. 银行一般是营业到五点半。

六、思考题：

   1. 安全、使用方便。

   2. 开立个人账户、取款、存款、兑换、汇款、结汇等。

第四单元　为友谊和合作干杯

会话 1

一、根据《会话 1》的内容，回答下列问题：

   1. 为比尔接风。

2. 不，还有其他几位朋友。

3. 四位；认识各位十分荣幸，请多关照。

4. 烤鸭。

5. 为友谊和合作干杯；为我们的友好合作干杯。

二、选择下列词语填空：

1. 准时　　2. 十分　　3. 允许　　4. 其他　　5. 举行

三、填写适当的词语：

1. 邀请　　　　2. 宴会　　　　　　3. 生意/买卖

4. 宴会　　　　5. 荣幸/高兴　　　　6. 身体

会话 2

一、根据《会话2》的内容，回答下列问题：

1. 庆祝公司成立二十周年。

2. 参加；公司派车接他。

3. 签订了合作议定书。

4. 公司成立二十周年；双方首次合作成功。

5. 色、香、味、形俱全。

二、选择下列词语填空：

1. 提议　　2. 按时　　3. 的确　　　4. 祝贺　　5. 光临

三、填写适当的词语：

1. 提前　　2. 合作　　3. 招待会　　4. 共同　　5. 出席　　6. 接待

会话 3

一、根据《会话3》的内容，回答下列问题：

1. 答谢中方的帮助。

2. 东来顺餐厅。

3. 十几天。

4. 大得很。

5. 更大的成功。

二、选择下列词语填空：

1. 恭敬　　2. 一举两得　　3. 务必　　4. 故乡　　5. 心意

三、填写适当的词语：

1. 共进　　2. 表示　　　3. 两得　　4. 务必　　5. 合作　　6. 为定

综合练习

一、选择画横线字的正确读音：

    1. dì   2. qing   3. sheng   4. huì   5. shu

    6. liang 7. zi   8. xíng   9. chang

二、填写适当的量词：

    1. 个   2. 套   3. 张   4. 句   5. 双

三、填写适当的补语：

    1. 在   2. 好   3. 住   4. 会   5. 一下儿

四、整理句子：

    1. 能参加这样的活动，我非常荣幸。

    2. 这是我们双方共同努力的结果。

    3. 到时候我派车来接您。

    4. 好的开始预示着更大的成功。

    5. 这一个月我过得十分愉快。

五、用指定结构或词语改写句子：

    1. 除了谈生意以外，我还学会了用筷子。

    2. 我代表李总与其他几位同事感谢您的邀请。

    3. 今后的合作前景大得很。

    4. 今天的宴会一方面是庆祝公司成立二十周年，一方面是庆贺我们首次
        合作的成功。

    5. 五六点钟正是下班时间，坐车很挤。

六、思考题：

    1. 色、香、味、形样样俱全；各地风味不同。

    2. 茅台、五粮液等。

第五单元　百闻不如一见

会话1

一、根据《会话1》的内容，回答下列问题：

    1. 了解产品和质量管理情况。

    2. 纯毛、纯棉、化纤织品。

    3. 以出口为主。

    4. 全面管理。

    5. 每一道工序都有专职检验员，最后还有成品检验。

二、选择下列词语填空：

1. 引进　　2. 相当　　3. 亲眼　　4. 同时　　5. 随时

三、填写适当的词语：

1. 效率　　2. 花色　　3. 质量　　4. 检验员　5. 国内　　6. 成品

会话 2

一、根据《会话2》的内容，回答下列问题：

1. 纺织品、食品、工艺美术品。

2. 展销会上看到棉麻、丝绸纺织品花样多、品种全。

3. 二楼。

4. 工艺美术品。

5. 太精彩了。

二、选择下列词语填空：

1. 兴趣　　2. 产品　　3. 艺术　　4. 参观　　5. 包装

三、填写适当的词语：

1. 美术　　2. 丰富　　3. 气味　　4. 齐全　　5. 精美　　6. 有/感

会话 3

一、根据《会话3》的内容，回答下列问题：

1. 京北。

2. 前五年。

3. 近百亿元。

4. 近30家。

5. 大力支持。

二、选择下列词语填空：

1. 实行　　2. 重视　　3. 建成　　4. 吸引　　5. 完成

三、填写适当的词语：

1. 日趋　　2. 建筑　　3. 发展　　4. 优惠　　5. 基础　　6. 产业

综合练习

一、选择画横线字的正确读音：

1. dí　　2. liǎo　　3. diǎn　　4. jī　　5. lè

6. jì　　7. du　　8. tou　　9. xīng

二、填写适当的量词：

　　1. 件　　2. 道　　3. 个　　4. 家　　5. 号

三、填写适当的补语：

　　1. 入　　2. 成　　3. 见　　4. 在　　5. 好

四、整理句子：

　　1. 我们的产品已经向一些欧洲国家出口了。

　　2. 我对工艺美术品最感兴趣。

　　3. 这儿的展品，质量、包装都不错。

　　4. 开发区规划建筑面积150万平方米。

　　5. 北京国际机场离开发区只有17公里。

五、用指定结构或词语改写句子：

　　1. 开发区除了大力发展电子、生物产业以外，也很重视房地产业的开发。

　　2. 目前开发区的政策是以吸引外资为主。

　　3. 粮油食品陈列馆的展品好丰富啊。

　　4. 二层是工艺美术品陈列馆。

　　5. 这种产品在国内市场也占有相当大的份额。

六、思考题：

　　1. 减免税收，优先提供并保障市政、交通、通讯等方面的服务。

　　2. 电子、生物化学等高新技术产业方面的企业。

第六单元　精神快餐

会话 1

一、根据《会话1》的内容，回答下列问题：

　　1. 宣传产品。

　　2. 报刊、电视、广播等。

　　3. 车到山前必有路，有路必有丰田车。

　　4. 电视广告。

　　5. 时间。

二、选择下列词语填空：

　　1. 随着　　2. 举办　　3. 之间　　4. 影响　　5. 关注

三、填写适当的词语：

　　1. 产品　　2. 销售　　3. 种类　　4. 知名度　　5. 市场　　6. 电视

会话 2

一、根据《会话2》的内容，回答下列问题：

1. 如何提高产品的知名度。

2. 不如电视广告直观、生动。

3. 播出时间灵活、周期短。

4. 不贵；广播广告靠声音传播，制作不复杂。

5. 跟电台广告部门联系，推出他们的产品广告。

二、选择下列词语填空：

1. 有　　2. 配　　3. 靠　　4. 播　　5. 是

三、填写适当的词语：

1. 业务　　2. 代理　　3. 广播　　4. 销售　　5. 广告　　6. 制作

会话 3

一、根据《会话3》的内容，回答下列问题：

1. 一则推销产品的广告。

2. 既经济又方便，读者很多。

3. 促进商品的销售。

4. 销售量都有大幅度的增长。

5. 各报社广告部门。

二、选择下列词语填空：

1. 增长　　2. 辟出　　3. 利用　　4. 促进　　5. 统计

三、填写适当的词语：

1. 刊登　　2. 优惠　　3. 有关　　4. 跟踪　　5. 宣传　　6. 收费

综合练习

一、选择画横线字的正确读音：

1. huà　　2. xì　　3. yuè　　4. xíng　　5. liǎo

6. zhe　　7. yong　8. diǎn　9. pián

二、填写适当的量词：

1. 则　　2. 条　　3. 个　　4. 批　　5. 块

三、填写适当的补语：

1. 开　　2. 到　　3. 出　　4. 在　　5. 上

四、整理句子：

1. 电视广告越来越受到人们的关注。

2. 没有知名度就无法占有市场。

3. 广播广告主要靠声音宣传产品的性能。

4. 发行量大的报纸广告费就会高一些。

5. 我们做广告，是为了让消费者了解我们的产品。

五、用指定结构或词语改写句子：

1. 各大报纸都辟出一定的版面刊登广告。

2. 同一版面，广告的篇幅长短不同，收费也不同。

3. 没有知名度的产品，就无法占有市场。

4. 与广播广告相比，电视广告的效果更好。

5. 电视广告的播出费由它的播出时间决定。

六、思考题：

1. 宣传产品、提高知名度。

2. 电视广告、广播广告、报刊广告、户外广告等。

第七单元　商标是一种无形资产

会话 1

一、根据《会话1》的内容，回答下列问题：

1. 是区别商品的标志，也是企业的无形财产。

2. 以商标的使用权作价。

3. 能促使产品在市场畅销，给企业带来很大的效益。

4. 质量是名牌的基础。

5. 向中国有关部门提出申请，批准后才行。

二、选择下列词语填空：

1. 同类　2. 本身　3. 无形　4. 受　5. 品牌

三、填写适当的词语：

1. 申请　2. 注册　3. 资产　4. 争议　5. 总额　6. 品牌

会话 2

一、根据《会话2》的内容，回答下列问题：

1. 繁华热闹、顾客多、商品丰富。

2. 皮尔·卡丹的服装、资生堂的化妆品等。

3. 中国人对洋快餐感到新鲜。

4. 开始不习惯，现在适应了。

5.商品质量好、价格公道、品种齐全。

二、选择下列词语填空：

1.通过　　2.逐年　　3.其中　　4.由于　　5.是不是

三、填写适当的词语：

1.知名　　2.营业　　3.饮食　　4.经营　　5.价格　　6.品种

会话3

一、根据《会话3》的内容，回答下列问题：

1.通讯、运输、金融、饭店等相关的服务行业。

2.酒店业。

3.原来的几家远远不够了。

4.不都是，有的是与外商合资兴建的。

5.除了舒适、方便、服务周到外，价格也很公道。

二、选择下列词语填空：

1.任何　　2.纷纷　　3.尽量　　4.具有　　5.免不了

三、填写适当的词语：

1.成本　　2.世界　　3.落后　　4.行业　　5.优势　　6.齐备

综合练习

一、选择画横线字的正确读音：

1.fu　　2.jǐn　　3.háng　　4.fēn　　5.liǎo

6.jī　　7.shù　　8.zi　　　9.mān

二、填写适当的量词：

1.家　　2.个　　3.笔　　4.种　　5.辆

三、填写适当的补语：

1.不了　　2.好　　3.来　　4.下　　5.到

四、整理句子：

1.中国是一个注重饮食文化的大国。

2.不少世界知名品牌都有自己的专卖店。

3.改革开放初期，北京只有数量很少的几家饭店。

4.长城饭店就是一家酒店业集团投资兴建的。

5.在提高质量的同时，尽量降低成本。

五、用指定结构或词语改写句子：

　　1. 旅游业发展了，来中国观光的游客逐年增加。

　　2. 其实商标本身就是最好的广告。

　　3. 您不是说在贵国已经登记注册了吗？

　　4. 知名度高的饭店在竞争中具有很大的优势。

　　5. 对于外国人来说，用筷子是一件难事。

六、思考题：

　　1. 能促使商品在市场上畅销，给企业带来很大效益。

　　2. 通讯、运输、金融、饭店等。

第八单元　您要从哪儿出境

会话1

一、根据《会话1》的内容，回答下列问题：

　　1. 谈生意。

　　2. 三个星期左右。

　　3. 照相机、摄像机、电脑等物品。

　　4. 回国时要带回去。

　　5. 超过两瓶要上税。

二、选择下列词语填空：

　　1. 规定　　2. 申报　　3. 携带　　4. 保存　　5. 出示

三、填写适当的词语：

　　1. 吸烟　　2. 物品　　3. 旅游　　4. 证件　　5. 收据　　6. 申报

会话2

一、根据《会话2》的内容，回答下列问题：

　　1. 很高级。

　　2. 两条。

　　3. 中东阿拉伯国家。

　　4. 被没收了。

　　5. 不能。

二、选择下列词语填空：

　　1. 听说　　2. 类似　　3. 寄存　　4. 特别　　5. 限制

三、填写适当的词语：

    1．限制　　2．有关　　3．出售　　4．携带　　5．风俗　　6．信仰

会话 3

一、根据《会话3》的内容，回答下列问题：

    1．交验护照和机票。

    2．向海关出示入关申报单就可以。

    3．没问题。

    4．买几件文物和字画。

    5．没有发票。

二、选择下列词语填空：

    1．托运　　2．托　　3．鉴定　　4．发票　　5．暂时

三、填写适当的词语：

    1．手续　　2．行李　　3．工艺　　4．保存　　5．文物　　6．正式

综合练习

一、选择画横线字的正确读音：

    1．shù　　2．guò　　3．mò　　4．jiu　　5．xíng

    6．xi　　7．bù　　8．chǔ　　9．zhuǎn

二、填写适当的量词：

    1．种　　2．架/个　　3．条　　4．幅　　5．张

三、填写适当的补语：

    1．完　　2．一下　　3．在　　4．给　　5．到

四、整理句子：

    1．我这次来北京主要是谈生意。

    2．这一份申报单请您一定要保存好。

    3．中东阿拉伯国家不准带酒入境。

    4．海关对携带文物出境有专门的规定。

    5．我随身携带的水果被海关给没收了。

五、用指定结构或词语改写句子：

    1．在中国买的字画和古玩要有正式发票，否则海关不能放行。

    2．凭发票，国画可以带出去。

    3．听说海关对旅客携带物品的限制放宽了许多。

    4．我对中国海关的有关规定比以前清楚多了。

5. 我房间的钥匙被服务员给拿走了。

六、思考题：

1. 照相机、摄像机、电脑等。

2. 文物；海关凭发票可以放行。

第九单元　万事俱备，只欠东风

会话1

一、根据《会话1》的内容回答问题：

1. 地毯、挂毯、毛毯、棉织品。

2. 先了解商品的品质，凭样品买卖。

3. 很好。

4. 希望给予优惠。

5. 订单很多，库存的现货有限。

二、选择下列词语填空：

1. 亲自　　2. 根据　　3. 果然　　4. 给予　　5. 凭

三、填写适当的词语：

1. 洽谈会　2. 惯例　3. 优惠　4. 办理　5. 有限　6. 贸易

会话2

一、根据《会话2》的内容回答下列问题：

1. 进口红茶。

2. CIF 价格。

3. FOB 价格。

4. 理仓费、佣金、折扣、交货日期等。

5. 三天。

二、选择下列词语填空：

1. 看起来　2. 除非　3. 得　4. 以往　5. 惯例

三、填写适当的词语：

1. 在内　　2. 国际　3. 现货　4. 惯例　5. 具体　6. 有效

会话3

一、根据《会话3》的内容回答问题：

1. 按现货价格报价。

186

2. 天津的塘沽港；阿布扎比。

3. 包括；百分之二。

4. 产地在东北黑龙江；质量绝对上乘。

5. 增加订购的数量；延长交货时间。

二、选择适当的词语填空：

　　1. 务必　　2. 绝对　　3. 但愿　　4. 看起来　　5. 起来

三、填写适当的词语：

　　1. 确认　　2. 上乘　　3. 如此　　4. 成交　　5. 在内　　6. 时间

综合练习

一、选择画横线字的正确读音：

　　1. jǐn　　2. dāng　　3. zhǒng　　4. jìn　　5. yìng

　　6. dìng　7. dì　　　8. yòng　　9. chuán

二、填写适当的量词：

　　1. 批　　2. 个　　3. 公吨　　4. 码　　5. 种

三、填写适当的助词：

　　1. 所　　2. 的　　3. 过　　4. 着　　5. 了

四、整理句子：

1. 陈列厅里的样品品种齐全，质量不错。

2. 过一会儿我马上协助您办理。

3. 来自加拿大的约翰先生想进口一批棉毛织品。

4. 有话请尽管讲，别客气。

5. 贵公司的电传号码有变化吗？

五、用指定结构或词语改写句子：

1. 我们公司的惯例是凭商品的样品买卖。

2. 除非你们的订购数量很大，我们公司才考虑给佣金。

3. 报价单上的价格是以国际市场的价格为准吗？

4. 报价中是否包括理仓费？

5. 为了促进我们双方的贸易关系，价格方面我们有可能降低一点儿。

六、思考题：

1. 先了解商品的品质；凭样品和国际市场的价格买卖；说明报价有效期；询价等。

2. 成本、理仓费、佣金、折扣、期/现货、运费、保费、各种手续费、订购数量等。

第十单元　有调查，才有发言权

会话1

一、根据《会话1》的内容，回答下列问题：

1. 童装、玩具。

2. 款式、质量；规格、种类。

3. 便于报价。

4. CIF 旧金山的优惠价。

5. 五天。

二、选择下列词语填空：

1. 以往　　2. 合作　　3. 订购　　4. 协商　　5. 过目

三、填写适当的词语：

1. 规格　　2. 优惠　　3. 情况　　4. 销售　　5. 绒毛　　6. 报价

会话2

一、根据《会话2》的内容，回答下列问题：

1. 不一样。

2. 成本提高了。

3. 去年的原料价格低。

4. 还价太低，连成本都不够。

5. 按报价的 99%。

二、选择下列词语填空：

1. 对于　　2. 优惠　　3. 调查　　4. 报价　　5. 努力

三、填写适当的词语：

1. 产品　　2. 优惠　　3. 降低　　4. 力　　5. 报价　　6. 还价

会话3

一、根据《会话3》的内容，回答下列问题：

1. 质量好、图案新颖。

2. 20%。

3. 难以在国内市场销售。

4. 质量。

5. 在中方报价的基础上降 3 个百分点。

二、选择下列词语填空：

　　1. 根据　　2. 质量　　3. 竞争　　4. 接受　　5. 勉强

三、填写适当的词语：

　　1. 难以　　2. 价格　　3. 一流　　4. 共同　　5. 利润　　6. 一半

综合练习

一、选择画横线字的正确读音：

　　1. yī　　2. shuài　　3. zhǎng　　4. jì　5. lǜ

　　6. biàn　7. jiū　　8. jué　　9. qiǎng

二、填写适当的量词：

　　1. 个　　2. 种　　3. 天　　4. 批　　5. 套

三、填写适当的助词：

　　1. 地　　2. 过　　3. 着　　4. 得　　5. 的

四、整理句子：

　　1. 进口这类商品我们是凭规格买卖的。

　　2. 我觉得您的报价太高了。

　　3. 考虑到今后的合作，我们让一步。

　　4. 按这个价格成交，我们难以接受。

　　5. 我们的报价是有根据的。

五、用指定结构或词语改写句子：

　　1. 今年的成交价格比去年的高。

　　2. 按这个价格买进，就谈不上什么竞争力了。

　　3. 我们的报价在国际市场上还是偏低的，怎么能说没有竞争力呢？

　　4. 如果以这个价格成交，那就再好不过了。

　　5. 我们双方各承担一半。

六、思考题：

　　1. 调整价格后，竞争力会降低；按原价售出，会影响到利润；等等。

　　2. 情况很复杂。一般来说，主要是质量不同。

第十一单元　不谈不成交

会话1

一、根据《会话1》的内容，回答下列问题：

　　1. 阿扎尔。

2．办理信用卡的挂失手续。

3．与欧元发行国的经济发展变化有直接关系。

4．日本经济开始好转。

5．不能。

二、选择下列词语填空：

　　1．好像　　2．不得不　　3．怪不得　　4．算了　　5．不好说

三、填写适当的词语：

　　1．信用卡　2．危机　　　3．货币　　　4．管理

　　5．货款　　6．上涨/下降

会话 2

一、根据《会话 2》的内容，回答下列问题：

　　1．货款支付时间。

　　2．公司有事。

　　3．企业规模小、流动资金少。

　　4．出票后 20 天。

　　5．预付货款一半；远期付款一半。

二、选择下列词语填空：

　　1．临　　2．看　　　3．差不了　　4．好手　　5．听说

三、填写适当的词语：

　　1．企业　　2．合格　　3．货款　　　4．付款　　5．方式　　　6．期限

会话 3

一、根据《会话 3》的内容，回答下列问题：

　　1．三上大松。

　　2．日元。

　　3．日元汇率上涨了 2%。

　　4．炒股。

　　5．老百姓的投资渠道多了；国家可以通过股市筹措资金。

二、选择下列词语填空：

　　1．开业　　2．什么的　　3．谈到　　4．按惯例　　5．越来越

三、填写适当的词语：

　　1．渠道　　2．股票/债券　　　3．条款/期限

　　4．货币　　5．上涨/下降　　　6．交易

综合练习

一、选择画横线字的正确读音：

　　1．bu de　　2．de　　　3．róng　　4．bu liǎo　　5．lǜ

　　6．zhuǎn　　7．dé bù　　8．quàn　　9．zhǎng

二、填写适当的量词：

　　1．张/种　　2．杯　　3．把　　4．家　　5．句

三、填写适当的词语：

　　1．帮、忙　　2．炒、股　　3．投、资　　4．报、价　　5．付、款

四、整理句子：

　　1．据说，欧元汇率将会上涨。

　　2．最好用日元支付货款。

　　3．希望采用远期付款方式。

　　4．据朋友说，日元汇率将会下降。

　　5．在进出口贸易中，目前通用货币有哪几种？

五、用指定结构改写句子：

　　1．您看，我们先讨论一下价格条款，怎么样？

　　2．我想用人民币作为计价货币，可以/行吗？

　　3．我看这样吧，我们明天上午再讨论支付条款，好吗？

　　4．这笔买卖用日元还是用美元支付货款？

　　5．虽说投资渠道多了，但风险也大了。

六、思考题：

　　1．4 种：即期付款；出票后定期付款；见票后定期付款；确定日期付款。

　　2．汇票的到期日不同。前者，在汇票开出后的第 20 天到期；后者，到期日从承兑日算起。

第十二单元　退一步天地宽

会话 1

一、根据《会话 1》的内容，回答下列问题：

　　1．外商同意在支付方式上给予优惠。

　　2．中方的开户行是工商银行。

　　3．不可撤销的延期付款信用证。

　　4．海运提单、保险单和商业发票等。

5. 指定在中国银行开立信用证；开立不可撤销的即期付款信用证。

二、选择下列词语填空：

1. 说真的　　2. 真不巧　　3. 比方说　　4. 马马虎虎　　5. 抽空

三、填写适当的词语：

1. 信用证　　2. 费用　　3. 方便　　4. 付款　　5. 单据　　6. 成功

会话 2

一、根据《会话2》的内容，回答下列问题：

1. 大豆。

2. 减少开证费用和押金。

3. 不，是大批量的。

4. 承兑交单。

5. 即期付款交单，并提供银行保函。

二、选择下列词语填空：

1. 为了　　2. 说白了　　3. 说心里话　　4. 老实说　　5. 只好

三、填写适当的词语：

1. 方式　　2. 交单　　3. 付款　　4. 数量　　5. 费用　　6. 保函

会话 3

一、根据《会话3》的内容，回答下列问题：

1. 哪个部门开设保管箱业务。

2. 对开信用证方式。

3. 信用证的有效期；货款偿还的期限及办法等。

4. 用货币和产品偿还货款。

5. 6 年。

二、选择下列词语填空：

1. 您也知道　　2. 像　　3. 吧　　4. 差点儿　　5. 也就是说

三、填写适当的词语：

1. 贸易/损失　　2. 资金/人力/物力　　3. 期限

4. 信息　　5. 保管　　6. 机器/设备

综合练习

一、选择画横线字的正确读音：

1. hū　　2. shàn　　3. hào　　4. qiǎng　　5. kan

6. diǎnr　　7. li　　　8. shi　　9. huán

二、填写适当的动词：

1. 开立　　2. 偿还　　3. 提交　　4. 订购　　5. 超过

三、找出句中相反或相对的词：

1. 增加/减少　　2. 同意/反对　　　3. 业余/专业

4. 成功/失败　　5. 接受/拒绝

四、整理句子：

1. 贵方希望开立哪种信用证？

2. 贵方指定在哪家银行开立信用证？

3. 我们应该提交哪几种单据？

4. 我认为，采用托收方式比较合适。

5. 偿还期限最好能缩短两年。

五、用指定结构或词语改写句子：

1. 对买方来说，采用远期付款方式更有利。

2. 贵方是希望采用托收支付方式，还是信用证支付方式？

3. 我们之所以同意采用这种支付方式，是因为对贵方也有好处。

4. 为了减少风险，卖方希望采用信用证支付方式。

5. 我们是乡镇企业，不但规模小，而且资金少。

六、思考题：

1. 汇付、托收、信用证。

2. 付款交单，即 D/P；承兑交单，即 D/A。

词 汇 总 表

A

爱不释手		ài bú shì shǒu	5.2
安排	（动/名）	ānpái	1.1
安全	（形/名）	ānquán	3.1
按	（介/动）	àn	11.3
按时	（副）	ànshí	4.2

B

百分点	（名）	bǎifēndiǎn	10.3
版面	（名）	bǎnmiàn	6.3
办理	（动）	bànlǐ	3.3
包含	（动）	bāohán	7.1
包括	（动）	bāokuò	9.2
包装	（动/名）	bāozhuāng	5.2
保持	（动）	bǎochí	7.1
保存	（动）	bǎocún	8.1
保管	（动/名）	bǎoguǎn	12.3
保函	（名）	bǎohán	12.2
保护	（动/名）	bǎohù	7.1
保龄球	（名）	bǎolíngqiú	7.3
保险单	（名）	bǎoxiǎndān	12.1
保障	（动/名）	bǎozhàng	5.3
保证	（动/名）	bǎozhèng	10.3
报盘		bào pán	9.3
报社	（名）	bàoshè	6.3
鲍鱼	（名）	bàoyú	4.2

194

本身	（代）	běnshēn	7.1
比方说	（动）	bǐfāngshuō	12.1
比喻	（名/动）	bǐyù	12.1
彼此	（代）	bǐcǐ	11.2
笔筒	（名）	bǐtǒng	8.3
笔洗	（名）	bǐxǐ	8.3
必	（副）	bì	6.1
必须	（助动）	bìxū	8.1
避暑	（离）	bì shǔ	2.3
便于	（动）	biànyú	10.1
遍布	（动）	biànbù	7.3
标志	（动/名）	biāozhì	7.1
表达	（动）	biǎodá	4.3
表示	（动/名）	biǎoshì	1.3
宾馆	（名）	bīnguǎn	1.1
补	（动）	bǔ	11.1
补办	（动）	bǔbàn	11.1
补偿贸易		bǔcháng màoyì	12.3
不断	（副）	búduàn	11.3
不甘落后		bùgān luòhòu	7.3
部门	（名）	bùmén	7.1

C

CFR			10.1
CIF			9.1
材料	（名）	cáiliào	7.2
财务	（名）	cáiwù	4.1
采取	（动）	cǎiqǔ	11.1
采用	（动）	cǎiyòng	11.3
彩页	（名）	cǎiyè	6.3
参观	（动）	cānguān	5.1
餐饮	（名）	cānyǐn	5.3
仓储式	（形）	cāngchǔshì	7.2

处理	（动/名）	chǔlǐ		8.3
传染病	（名）	chuánrǎnbìng		8.2
传统	（名）	chuántǒng		11.3
纯	（形）	chún		5.1
瓷瓶	（名）	cípíng		8.3
瓷器	（名）	cíqì		8.3
刺绣	（动）	cìxiù		8.3
从命	（动）	cóngmìng		4.3
促进	（动）	cùjìn		6.1
存款	（离）	cún kuǎn		3.1
存折	（名）	cúnzhé		3.2

D

达成	（离）	dá chéng		12.2
答复	（动/名）	dáfù		9.1
打扰	（动）	dǎrǎo		2.1
打听	（动）	dǎting		12.3
大豆	（名）	dàdòu		12.2
大多数	（名）	dàduōshù		8.2
大堂	（名）	dàtáng		11.2
大型	（形）	dàxíng		4.2
大众	（名）	dàzhòng		6.2
代表	（动/名）	dàibiǎo		1.1
代理	（动）	dàilǐ		6.2
带动	（动）	dàidòng		7.3
单据	（名）	dānjù		12.1
单子	（名）	dānzi		3.2
但愿如此		dàn yuàn rú cǐ		9.3
淡季	（名）	dànjì		10.1
档次	（名）	dàngcì		7.3
倒	（副）	dào		6.2
道	（量）	dào		5.1
的确	（副）	díquè		3.1

197

糕点	（名）	gāodiǎn	5.2
告辞	（动）	gàocí	4.1
各	（代）	gè	11.2
根据	（动/名）	gēnjù	2.1
跟踪	（动）	gēnzōng	6.3
工序	（名）	gōngxù	5.1
工艺品	（名）	gōngyìpǐn	8.3
公道	（形）	gōngdào	7.2
公吨	（量）	gōngdūn	9.3
公共	（形）	gōnggòng	2.3
公司	（名）	gōngsī	1.1
供	（动）	gōng	5.3
宫殿	（名）	gōngdiàn	5.2
恭敬	（形）	gōngjìng	4.3
购买	（动）	gòumǎi	7.2
购物		gòu wù	11.1
股民	（名）	gǔmín	11.3
股票	（名）	gǔpiào	11.3
股市	（名）	gǔshì	11.3
故乡	（名）	gùxiāng	4.3
顾	（动）	gù	4.3
顾客	（名）	gùkè	7.2
挂失	（离）	guà shī	11.1
挂毯	（名）	guàtǎn	9.1
怪不得	（副）	guàibude	5.2
关照	（动）	guānzhào	1.1
观光	（动）	guānguāng	7.3
观念	（名）	guānniàn	11.3
冠军	（名）	guànjūn	12.1
管理	（动/名）	guǎnlǐ	5.1
惯例	（名）	guànlì	9.1
罐头	（名）	guàntou	5.2
光	（副）	guāng	4.3
光临	（动）	guānglín	1.2

200

回复	（动）	huífù	9.2
回头证	（名）	huítóuzhèng	12.3
汇	（动）	huì	3.3
汇率	（名）	huìlǜ	11.1
活	（形）	huó	11.2
活动	（动/名）	huódòng	1.3
活期	（名）	huóqī	3.1
货币	（名）	huòbì	11.1
货物	（名）	huòwù	12.2

J

几乎	（副）	jīhū	7.3
机场	（名）	jīchǎng	1.1
机构	（名）	jīgòu	7.2
机会	（名）	jīhuì	4.2
机器	（名）	jīqì	5.1
基础	（名）	jīchǔ	7.1
基地	（名）	jīdì	5.3
即期	（名）	jíqī	12.1
给予	（动）	jǐyǔ	9.1
记得	（动）	jìde	11.1
寄存	（动）	jìcún	8.2
加快	（动）	jiākuài	11.3
家具	（名）	jiājù	7.2
价值	（名）	jiàzhí	7.1
剪样	（名）	jiǎnyàng	9.1
检验	（动）	jiǎnyàn	5.1
检疫	（动）	jiǎnyì	8.2
建议	（名/动）	jiànyì	2.2
建筑	（名/动）	jiànzhù	5.3
鉴定	（动/名）	jiàndìng	8.3
将	（副）	jiāng	9.2
讲究	（动/形）	jiǎngjiu	2.2

202

降	（动）	jiàng	9.1
降低	（动）	jiàngdī	7.3
交通	（名）	jiāotōng	4.2
交验	（动）	jiāoyàn	8.3
交易所	（名）	jiāoyìsuǒ	11.3
接风	（动）	jiēfēng	4.1
接受	（动）	jiēshòu	3.2
结汇	（动）	jiéhuì	3.3
结识	（动）	jiéshí	5.2
结算	（动）	jiésuàn	11.1
解说词	（名）	jiěshuōcí	6.2
借	（动）	jiè	4.2
金额	（名）	jīn'é	11.2
金融	（名）	jīnróng	7.3
尽快	（副）	jǐnkuài	6.2
尽力而为		jìn lì ér wéi	2.2
尽量	（副）	jǐnliàng	2.2
进口	（离）	jìn kǒu	1.2
禁止	（动）	jìnzhǐ	8.1
经理	（名）	jīnglǐ	1.2
经商	（离）	jīng shāng	12.1
经销	（动）	jīngxiāo	5.1
经营	（动）	jīngyíng	3.1
精美	（形）	jīngměi	4.3
景点	（名）	jǐngdiǎn	1.2
竞争	（动/名）	jìngzhēng	7.3
久	（形）	jiǔ	1.2
酒席	（名）	jiǔxí	2.2
举	（动）	jǔ	4.1
举行	（动）	jǔxíng	4.1
具体	（形）	jùtǐ	2.1
具有	（动）	jùyǒu	7.3
俱全	（形）	jùquán	4.2
绝对	（形）	juéduì	3.3

K

开	（动）	kāi	3.1
开发	（动）	kāifā	5.3
开放	（动）	kāifàng	7.3
开户行	（名）	kāihùháng	12.1
开立	（动）	kāilì	3.1
开设	（动）	kāishè	12.3
开头	（名）	kāitóu	6.1
开心	（形）	kāixīn	7.3
开业	（动）	kāiyè	11.3
开证行	（名）	kāizhèngháng	12.1
刊登	（动）	kāndēng	6.3
靠	（动/介）	kào	6.2
科技	（名）	kējì	5.3
可靠	（形）	kěkào	12.2
可行	（形）	kěxíng	12.3
客户	（名）	kèhù	1.2
肯定	（动/形）	kěndìng	6.1
恐怕	（副）	kǒngpà	10.3
控制	（动）	kòngzhì	8.3
口味儿	（名）	kǒuwèir	2.2
库存	（名）	kùcún	9.1
快餐	（名）	kuàicān	7.2
筷子	（名）	kuàizi	4.3
款	（名）	kuǎn	11.1
款式	（名）	kuǎnshì	10.1
款项	（名）	kuǎnxiàng	12.3
扩大	（动）	kuòdà	4.2

L

来自	（动）	láizì	9.1

204

栏目	（名）	lánmù		6.1
老百姓	（名）	lǎobǎixìng		11.3
类	（名/量）	lèi		3.1
类似	（形）	lèisì		6.3
累	（形）	lèi		1.3
理仓费	（名）	lǐcāngfèi		9.2
利	（动）	lì		11.3
利率	（名）	lìlǜ		3.1
利润	（名）	lìrùn		10.2
利息	（名）	lìxī		3.1
利用	（动）	lìyòng		6.3
例子	（名）	lìzi		7.1
连锁店	（名）	liánsuǒdiàn		7.2
联系	（动/名）	liánxì		1.1
粮	（名）	liáng		5.2
临	（介/动）	lín		11.2
灵活	（形）	línghuó		6.2
另外	（形）	lìngwài		9.2
流动	（动）	liúdòng		11.2
龙井	（名）	lóngjǐng		4.3
龙虾	（名）	lóngxiā		4.2
陆续	（副）	lùxù		7.2
旅馆	（名）	lǚguǎn		1.1
率	（名）	lǜ		3.2

M

麻	（名）	má		5.2
马马虎虎	（形）	mǎmǎhūhū		12.1
码	（量）	mǎ		9.1
吗啡	（名）	mǎfēi		8.2
毛	（名）	máo		5.1
毛毯	（名）	máotǎn		9.1
贸易	（名）	màoyì		5.2

美元	（名）	měiyuán	3.2
魅力	（名）	mèilì	6.1
秘书	（名）	mìshū	11.2
密码	（名）	mìmǎ	11.1
棉	（名）	mián	5.1
免	（动）	miǎn	7.3
勉强	（形/动）	miǎnqiǎng	10.3
面积	（名）	miànjī	5.3
名	（名）	míng	5.2
名酒	（名）	míngjiǔ	4.1
名片	（名）	míngpiàn	1.1
名胜古迹		míngshèng gǔjì	2.3
没收	（动）	mòshōu	8.2
目的	（名）	mùdì	2.2
目的港	（名）	mùdìgǎng	9.3

N

奶粉	（名）	nǎifěn	6.1
难以	（副）	nányǐ	10.3
暖（气）	（名）	nuǎn（qì）	5.3

O

噢	（叹）	ō	2.2
哦	（叹）	ò	2.1
欧元	（名）	ōuyuán	11.1

P

牌	（名）	pái	7.2
牌价	（名）	páijià	11.1
牌子	（名）	páizi	7.1
陪	（动）	péi	1.2

佩服	（动）	pèifu	11.2
配	（动）	pèi	6.2
喷水池	（名）	pēnshuǐchí	7.2
碰头	（离）	pèng tóu	2.3
批	（量）	pī	6.2
批量	（名）	pīliàng	12.2
批准	（动）	pīzhǔn	7.1
辟	（动）	pì	6.3
篇幅	（名）	piānfú	6.3
票(汇票)	（名）	piào	11.2
票汇	（名）	piàohuì	3.3
品质	（名）	pǐnzhì	9.1
品种	（名）	pǐnzhǒng	5.1
凭	（动/介）	píng	8.3
凭条	（名）	píngtiáo	3.1
葡萄酒	（名）	pútaojiǔ	4.1

Q

期	（名）	qī	11.2
期待	（动）	qīdài	10.1
期货	（名）	qīhuò	9.2
期间	（名）	qījiān	12.3
期限	（名）	qīxiàn	3.1
齐全	（形）	qíquán	5.2
其实	（副）	qíshí	7.1
其他	（代）	qítā	4.1
其余	（代）	qíyú	11.2
其中	（名）	qízhōng	7.2
企业	（名）	qǐyè	5.3
洽谈	（动）	qiàtán	2.2
签	（动）	qiān	3.3
签订	（动）	qiāndìng	4.2
签证	（名）	qiānzhèng	8.1

前后	（名）	qiánhòu	11.2
前景	（名）	qiánjǐng	4.2
前厅	（名）	qiántīng	2.1
巧	（形）	qiǎo	2.3
亲眼	（副）	qīnyǎn	5.1
侵入	（动）	qīnrù	8.2
清香	（形）	qīngxiāng	5.2
请柬	（名）	qǐngjiǎn	4.1
请教	（动）	qǐngjiào	11.1
庆贺	（动）	qìnghè	4.2
庆祝	（动）	qìngzhù	4.2
渠道	（名）	qúdào	11.3
确认	（动）	quèrèn	9.3

R

让步	（离）	ràng bù	10.1
热烈	（形）	rèliè	1.3
人民币	（名）	rénmínbì	3.2
任何	（代）	rènhé	7.3
仍	（副）	réng	8.2
日程	（名）	rìchéng	1.3
日趋	（副）	rìqū	5.3
日元	（名）	rìyuán	3.1
绒毛	（名）	róngmáo	10.1
荣幸	（形）	róngxìng	2.1
入境	（离）	rù jìng	8.1
入席	（离）	rù xí	4.1
入账	（离）	rù zhàng	3.3

S

商标	（名）	shāngbiāo	7.1
商场	（名）	shāngchǎng	11.1

商会	（名）	shānghuì	7.1
赏光	（离）	shǎng guāng	4.3
上面	（名）	shàngmian	12.2
上升	（动）	shàngshēng	6.1
上市	（离）	shàng shì	10.3
上涨	（动）	shàngzhǎng	10.2
稍	（副）	shāo	9.1
少年	（名）	shàonián	12.1
舍不得	（动）	shěbude	4.3
设备	（名）	shèbèi	3.3
设立	（动）	shèlì	7.2
设施	（名）	shèshī	5.3
设想	（动/名）	shèxiǎng	5.3
摄像机	（名）	shèxiàngjī	8.1
申报	（动）	shēnbào	8.1
申请	（动）	shēnqǐng	7.1
申请书	（名）	shēnqǐngshū	11.1
身份证	（名）	shēnfènzhèng	11.1
生产线	（名）	shēngchǎnxiàn	5.1
生动	（形）	shēngdòng	6.2
生丝	（名）	shēngsī	10.3
生物	（名）	shēngwù	5.3
生效	（离）	shēng xiào	12.3
生意	（名）	shēngyi	2.1
胜地	（名）	shèngdì	2.3
盛情	（名）	shèngqíng	4.1
十分	（副）	shífēn	4.1
食品	（名）	shípǐn	5.2
使用	（动）	shǐyòng	11.1
使用权	（名）	shǐyòngquán	7.1
是否	（副）	shìfǒu	11.3
适合	（动）	shìhé	2.2
收获	（动/名）	shōuhuò	4.3
收据	（名）	shōujù	8.1

收视	（动）	shōushì	6.1
手续	（名）	shǒuxù	3.1
受	（动）	shòu	7.1
熟人	（名）	shúrén	2.2
数目	（名）	shùmù	3.2
双方	（名）	shuāngfāng	3.3
双喜临门		shuāngxǐ lín mén	4.2
税	（名）	shuì	8.1
顺利	（形）	shùnlì	1.2
丝毯	（名）	sītǎn	9.1
四海为家		sìhǎi wéi jiā	2.1
四周	（名）	sìzhōu	5.3
松鼠鳜鱼		sōngshǔ guìyú	4.1
送行	（动）	sòngxíng	4.3
随身	（副）	suíshēn	8.2
随时	（副）	suíshí	5.1
随着	（介）	suízhe	6.1
缩短	（动）	suōduǎn	12.3
所有	（形）	suǒyǒu	6.3

T

坦率	（形）	tǎnshuài	10.1
糖果	（名）	tángguǒ	5.2
趟	（量）	tàng	2.1
陶瓷	（名）	táocí	5.2
特产	（名）	tèchǎn	9.3
特点	（名）	tèdiǎn	4.2
特殊	（形）	tèshū	10.1
特意	（副）	tèyì	1.2
提供	（动）	tígōng	3.3
提交	（动）	tíjiāo	12.1
提取	（动）	tíqǔ	3.2
提醒	（动）	tíxǐng	3.2

提议	（动/名）	tíyì	4.1
体积	（名）	tǐjī	8.3
体系	（名）	tǐxì	5.3
填	（动）	tián	3.1
条款	（名）	tiáokuǎn	9.2
停留	（动）	tíngliú	5.2
停止	（动）	tíngzhǐ	3.3
通	（动/形）	tōng	2.3
通常	（形）	tōngcháng	9.2
通过	（介/动）	tōngguò	5.2
通讯	（名）	tōngxùn	3.3
通用	（形）	·tōngyòng	11.1
同机	（离）	tóng jī	8.2
同样	（形/连）	tóngyàng	6.3
童装	（名）	tóngzhuāng	10.1
统计	（动/名）	tǒngjì	6.3
头等	（形）	tóuděng	2.1
投产	（动）	tóuchǎn	12.3
投入	（动）	tóurù	12.3
投资	（离）	tóu zī	5.3
图案	（名）	tú'àn	10.3
土特产	（名）	tǔtèchǎn	5.2
推荐	（动）	tuījiàn	5.1
托	（动）	tuō	8.3
妥善	（形）	tuǒshàn	8.3

W

蛙泳	（名）	wāyǒng	12.1
娃娃	（名）	wáwa	6.1
外汇	（名）	wàihuì	3.1
外汇牌价表		wàihuì páijiàbiǎo	11.1
外资	（名）	wàizī	5.3
完全	（形）	wánquán	3.3

完善	（形/动）	wánshàn	5.3
玩具	（名）	wánjù	10.1
晚宴	（名）	wǎnyàn	4.1
往返	（动）	wǎngfǎn	2.1
往来	（动）	wǎnglái	12.1
危机	（名）	wēijī	11.1
威士忌	（名）	wēishìjì	8.2
违禁	（动）	wéijìn	8.1
惟一	（形）	wéiyī	12.1
委托	（动）	wěituō	12.1
位置	（名）	wèizhì	5.3
胃口	（名）	wèikǒu	4.2
温泉	（名）	wēnquán	5.3
稳定	（形）	wěndìng	11.1
问候	（动）	wènhòu	1.3
无法	（动）	wúfǎ	6.1
无形	（形）	wúxíng	7.1
五粮液	（名）	wǔliángyè	4.1
武器	（名）	wǔqì	8.1
务必	（副）	wùbì	4.3
物品	（名）	wùpǐn	8.1
误会	（动/名）	wùhuì	9.2

X

西餐	（名）	xīcān	4.3
吸引	（动）	xīyǐn	5.3
下海	（离）	xià hǎi	12.1
下降	（动）	xiàjiàng	11.1
先后	（副）	xiānhòu	11.3
先进	（形）	xiānjìn	5.1
鲜	（形）	xiān	11.2
现货	（名）	xiànhuò	9.2
限制	（名）	xiànzhì	8.2

214

216

专 名

A

阿布扎比	Ābùzhābǐ	9.3
阿拉伯国家	Ālābó Guójiā	8.2
阿里	Ālǐ	10.2
阿联酋	Āliánqiú	9.3
阿扎尔	Āzhā'ěr	11.1
安迪	Āndí	7.3
安东尼	Āndōngní	12.1
澳大利亚环球公司	Àodàlìyà Huánqiú Gōngsī	10.2

B

保罗	Bǎoluó	7.2
北海	Běihǎi	2.3
北京饭店	Běijīng Fàndiàn	7.3
北京纺织品进出口公司	Běijīng Fǎngzhīpǐn Jìnchūkǒu Gōngsī	9.1
北京丝绸服装厂	Běijīng Sīchóu Fúzhuāngchǎng	12.3
比尔	Bǐ'ěr	4.1

C

长安大街	Cháng'ān Dàjiē	3.1
长城	Chángchéng	2.3
长城贸易公司	Chángchéng Màoyì Gōngsī	4.1
长富饭店	Chángfù Fàndiàn	12.1
长富宫	Chángfùgōng	7.3
潮州菜	Cháozhōucài	4.2
陈冬	Chén Dōng	5.2
承德	Chéngdé	2.3

218

| 川菜 | Chuāncài | 2.2 |

D

F

G

H

Q

齐白石	Qí Báishí	8.3
前门饭店	Qiánmén Fàndiàn	1.3
前门烤鸭店	Qiánmén Kǎoyādiàn	4.1
乔纳森	Qiáonàsēn	12.2
乔治	Qiáozhì	5.3
琼斯	Qióngsī	6.1

R

| 日本 | Rìběn | 8.2 |
| 荣宝斋 | Róngbǎozhāi | 8.3 |

S

三上大松	Sānshàng Dàsōng	11.3
单文涛	Shàn Wéntāo	12.3
上官清明	Shàngguān Qīngmíng	11.3
上海	Shànghǎi	3.3
上海进出口公司	Shànghǎi Jìnchūkǒu Gōngsī	9.2
上海证券交易所	Shànghǎi Zhèngquàn Jiāoyìsuǒ	11.3
深圳证券交易所	Shēnzhèn Zhèngquàn Jiāoyìsuǒ	11.3
圣诞节	Shèngdàn Jié	3.2
十三陵	Shísānlíng	2.3
史密斯	Shǐmìsī	1.3
首都国际机场	Shǒudū Guójì Jīchǎng	8.1
宋大伟	Sòng Dàwěi	12.1
孙雷	Sūn Léi	8.2

T

| 泰德 | Tàidé | 10.2 |

Z